Pedro García Cabrera y el Vallehermoso de su infancia

Pedro García Cabrera y el Vallehermoso de su infancia

Arón Morales Pérez
Daniel Bernal Suárez
Ricardo Valeriano Rodríguez
Pablo Jerez Sabater

Directora de arte: Sara Hernández
Maqueta: Marina Zambrana

Arón Morales Pérez, Daniel Bernal Suárez, Ricardo Valeriano Rodríguez y Pablo Jerez Sabater
Pedro García Cabrera y el Vallehermoso de su infancia

Primera edición en Ediciones Idea: 2024
© De la edición:
   Ediciones Idea, 2024
© De los textos:
   Sus autores
© Del "Saludo":
   Emiliano Coello
© Del Prólogo:
   Miguel Ángel Morales Mora
© De las imágenes:
   Sus autores
© De la ilustración de la portada:
   Antonio Münzenmaier

Ediciones Idea

San Clemente, 24, Edificio El Pilar
   38002 Santa Cruz de Tenerife.
   Tel.: 922 532150
   Fax: 922 286062

León y Castillo, 39 - 4º B
   35003 Las Palmas de Gran Canaria.
   Tel.: 928 373637 - 928 381827
   Fax: 928 382196

correo@edicionesidea.com
www.edicionesidea.com

Fotomecánica e impresión: Gráficas Tenerife, S.A.
Impreso en España - Printed in Spain
ISBN: 978-84-10272-07-1
Depósito legal: TF 259-2024

SALUDO

Pedro García Cabrera es el más ilustre de los hijos que ha dado el pueblo de Vallehermoso. Corría el año 1905 cuando estas calles que hoy se mantienen en pie vieron corretear a un niño que se convertiría, por derecho propio décadas después, en el poeta más importante no sólo del Archipiélago, sino uno de los más destacados escritores de las letras hispanas.

Sobre su figura se han realizado numerosas monografías, estudios, artículos científicos y divulgativos, así como tesis doctorales. Pero había una cuestión que quedaba por apuntarse y que este libro viene a responder: ¿cómo era el Vallehermoso que vio nacer a Pedro García Cabrera?

A lo largo de las páginas de este libro el lector encontrará una aproximación al pueblo en el que el joven poeta dibujó su infancia, cantó a la juventud y participó en su vida diaria y cultural. De esta manera, un esbozo biográfico sirve de puerta de entrada para conocer mejor cómo era aquel Vallehermoso que sólo pervive en la memoria de las fotografías en blanco y negro.

Tres historiadores y un escritor trazan a lo largo de cuatro capítulos los orígenes del primer Pedro García Cabrera, la historia de nuestro pueblo durante aquellas primeras décadas del siglo pasado y la vida cultural en la que participó el poeta en su juventud, hablándonos de otros escritores gomeros que, como él, supieron superar el ámbito insular para convertirse en figuras relevantes de las letras canarias.

De esta manera, el Ayuntamiento de Vallehermoso mantiene su compromiso por la divulgación de aquellos trabajos que arrojan luz sobre nuestra historia, nuestra literatura y sobre aquellos vecinos que, gracias a su quehacer, llevaron el nombre de nuestro pueblo con orgullo durante todas las etapas de su vida.

Emiliano Coello
Alcalde de Vallehermoso

PRÓLOGO

Hablar de Pedro García Cabrera es adentrarse en la apasionante vida de uno de los escritores y poetas más conocidos del siglo XX, que trasciende el marco geográfico de Canarias para incluirse en el nacional e internacional.

Don Pedro, que nació en Vallehermoso en 1905, donde había sido destinado su padre como maestro, circunstancia que tuvo mucho que ver con el azar y que el poeta describe perfectamente en los primeros versos de su poema "Gomera", del libro *Vuelta a la Isla*:

> A cara o cruz he lanzado
> a la mar una moneda;
> salió cuna y nací yo:
> cuna o concha es La Gomera.

Vivió poco tiempo de forma permanente en este municipio, ya que a los siete años se trasladó a Sevilla con su familia donde había sido destinado su padre como Maestro de Primera Enseñanza. En 1915 regresó a su pueblo natal donde continuó sus estudios en clases recibidas en forma privada –posiblemente su profesora fuera Doña Lucrecia Salazar–, trasladándose definitivamente a Tenerife en 1921, de donde regresó periódicamente a Vallehermoso ya que mantiene una intensa relación familiar con sus tías maternas.

No obstante, mantuvo siempre el contacto con la gente que seguía viviendo en Vallehermoso y se implicó en la problemática socio-política de su pueblo y del resto de La Gomera. Pronto se dio cuenta de la situación de precariedad en la que vivía la mayoría de la población allí establecida: una sociedad rural, la mayoría analfabeta, desinformada e incomunicada con el resto del mundo. Ya en su etapa de estudiante en La Laguna comienza su colaboración con otros jóvenes gomeros para concienciar a la clase trabajadora de su isla natal de la necesidad de luchar por sus derechos y con el fin de lograr un cambio progresista en esta sociedad casi feudal que le tocó vivir durante la Dictadura de Primo de Rivera y en la II República.

Inicia su andadura colaborando en la creación de publicaciones periódicas como *La Voz de Junonia* o *Altavoz*, al mismo tiempo que hace sus primeras aportaciones literarias en *La Gaceta de Tenerife* (1922) y sale a la calle su primer libro de poemas, *Líquenes*, en 1928. A partir de 1931 participa de lleno en la vida política, siendo concejal del Ayuntamiento de Santa Cruz de Tenerife y Consejero del Cabildo Insular de esta misma isla por el PSOE. Esto le vale una dura represión durante la Guerra Civil de 1936. Fue detenido y enviado preso a Villacisneros, de donde escapa a territorio francés para luego volver a España, donde sufrió prisión hasta 1946.

Lo cierto es que se inicia un movimiento cultural a comienzos de la década de 1920 que, aunque en principio se produce fuera de La Gomera, termina por llegar de lleno a ella y propiciar, en la siguiente década, la creación de la Federaciones Obreras de Vallehermoso y Hermigua, que están en el origen del despertar de la conciencia proletaria de la clase obrera de estos pueblos y que en 1933 y 1936 darán pie a los llamados Sucesos de Hermigua y al Fogueo, en Vallehermoso.

¿Tiene algo que ver la inquietud de los jóvenes estudiantes gomeros en La Laguna, entre ellos Pedro García Cabrera, con el comienzo de un período de florecimiento cultural y social en La Gomera de esta época? Esto es lo que pretenden desvelarnos los autores de un libro que nos cuenta lo que sucedió en esta década y que marcaría el devenir de Vallehermoso en la primera mitad del Siglo XX.

Daniel Bernal Suárez –escritor, crítico literario y gestor cultural–, Aarón Morales Pérez –historiador y profesor de Enseñanza Secundaria–, Ricardo Valeriano Rodríguez –Licenciado en Historia y Cronista Oficial de Hermigua– y Pablo Jerez Sabater –Historiador del Arte y profesor de Escuela de Arte–, cada uno desde su óptica profesional, indagan en la vida de Pedro García Cabrera y en la cotidianeidad del Vallehermoso que le tocó vivir, devolviendo a la memoria colectiva personajes que han estado olvidados y son unos desconocidos entre la población actual, como Andrés Fernández Bethencourt, maestro y poeta, un poco mayor que la generación de Pedro García Cabrera, pero que comenzó sus publicaciones literarias a partir de 1920.

Una tarea de investigación tan meritoria y ardua, como necesaria para reconocer en el pueblo actual a aquel Vallehermoso que llegó a ser calificado como "una ciudad en miniatura", que tuvo su mayor esplendor cultural, demográfico y económico a partir de 1910, con la construcción de los pescantes y la llegada del teléfono y el telégrafo en 1912 –se contaba con luz eléctrica desde 1904–.

Lo cierto es que este despegue cultural llega una década después, cuando los jóvenes gomeros que estudiaban fuera de la isla se preocupan por llevar a los pueblos las inquietudes que captaban allí donde residían mientras estudiaban. Entre ellos, además de Pedro García Cabrera, los hermanos Ascanio Moreno, Ulises Herrera, Gabriel Mejías Fragoso, Juan Pedro Ascanio… No solo crean publicaciones periódicas, como las ya mencionadas aquí, sino que Vallehermoso se llena de recitales poéticos, concursos, representaciones teatrales, música…, e incluso se solicita al Gobierno Provincial la creación de una escuela de artes y oficios.

Aunque a partir de 1920 Vallehermoso, así como el resto de La Gomera y Canarias en general, se ve afectado económicamente por la falta de embarcaciones que posibilitara el transporte de mercancías, debido a las consecuencias de la Gran Guerra de ámbito mundial mantenida entre 1914 y 1918, la cultura continuó fluyendo durante toda la década gracias a la semilla sembrada por todos estos jóvenes pioneros en la conquista de los derechos sociales y la extensión de la cultura a todas las capas de la sociedad. Esto marcó una impronta que identifica aun hoy a la gente de Vallehermoso, a pesar de que en 1936 se intentara borrar todo rastro de esta influencia con una brutal represión política que sumió al municipio en una regresión social y cultural de la que paulatinamente ha ido saliendo a partir de la vuelta a la democracia.

Estoy convencido de que la aparición de este libro contribuirá a situar, no tanto a Pedro García Cabrera que ya tiene un reconocimiento internacional, pero sí a Vallehermoso, en un lugar destacado dentro del marco cultural y social de La Gomera y de Canarias. Mi más sincera enhorabuena a estos autores que han decidido rescatar para todos unos contenidos, unos valores y unos personajes necesarios en todos los tiempos, pero quizá más ahora por las circunstancias que nos ha tocado vivir.

Miguel Ángel Morales Mora

I. Paisaje auroral de un poeta:
los primeros años de Pedro García Cabrera

DANIEL BERNAL SUÁREZ
ESCRITOR Y CRÍTICO LITERARIO

El insular puede fantasear con un mar que irriga el cuerpo oculto, sumergido, de la isla. Un mar que se interna por las cavidades diminutas y que, al tiempo que horada las rocas, va fertilizando con su ritmo líquido la tierra de la que emergerán –bellas plantas bípedas– los hombres y mujeres de la isla. Ese proceso de fertilización, acaso con los años, dé lugar a semillas de *existencias luminosas*: vidas llenas de aconteceres y pensamientos que se alzarán como faros en mitad de la noche. Pero en ocasiones, quizás cuando la mezcla de sal, luz, sombra y aire es propicia, las semillas se multiplican –verde milagro del azar– y deviene un periodo no señalado por alguna *existencia luminosa* aislada, sino por la aparición de un *racimo de luz*, de una constelación. Eso ocurrió en los albores del siglo XX: una constelación brillante de escritores floreció en Canarias, coincidiendo con el desarrollo de una etapa cenital de las artes en la era moderna: la de las conocidas como vanguardias históricas.

Dentro de esa nómina de insignes escritores que marcaron las letras canarias, resalta la figura del poeta gomero Pedro García Cabrera. Esbocemos, pues, algunos hitos fundamentales de su biografía y de su obra.

LA GESTACIÓN DE UN POETA

Pedro García Cabrera nació el 19 de agosto de 1905 en el municipio de Vallehermoso, en La Gomera. Allí transcurrieron los primeros años de su infancia hasta que su padre, que era maestro, fue destinado a Sevilla en 1913. Regresó por un breve periodo a su isla natal en 1915 y luego la familia se instaló en Santa Cruz de Tenerife. Ya en 1921 comienza a cursar el Bachillerato, primero en el Instituto General y Técnico de Canarias –ubicado en la ciudad de La Laguna– y, posteriormente, en el Establecimiento Municipal de Segunda Enseñanza de Santa Cruz de Tenerife.

Desde temprana edad comenzó sus colaboraciones con la prensa. Así, vieron la luz sus textos –poemas y relatos– tanto en *La voz de Junonia* –semanario editado en La Laguna que aglutinaba a jóvenes es-

Imagen del joven Pedro García Cabrera

tudiantes de La Gomera– como en *La Gaceta de Tenerife* –diario de filiación católica–. De los cinco relatos cortos publicados por Pedro García Cabrera, tres son de esta primera época: "Recordando" y "Divagaciones" aparecieron en *La voz de Junonia*, y "El canto evocador" en *La Gaceta de Tenerife*.

Asimismo, de capital importancia fueron sus colaboraciones con la revista *Hespérides*, fundada en 1926. Esta revista aglutinó a diversas generaciones de escritores canarios: regionalistas, modernistas y los que iniciaban su producción literaria en aquella hora y formarían parte de las vanguardias. También cabe señalar que en las ediciones paralelas de *Hespérides* se imprimió en 1928 el primer libro de Pedro García Cabrera: *Líquenes*. Aquí un poema de este volumen:

[14]

En el tapete del mar
el cielo con sus estrellas
está jugando a los dados.

Y el faro sigue en sus trece
guiñando el ojo a los barcos.

Confluyeron en la revista *Hespérides* diversas generaciones de escritores, como dijimos, pero su relevancia para el desarrollo de la poesía canaria inmediatamente posterior radica en la presencia entre sus páginas del grupo más joven, constituido por Emeterio Gutiérrez Albelo (1905-1969), Eduardo Westerdahl (1902-1983) y Domingo Pérez Minik (1903-1989). La nueva generación, nacida entre finales del siglo XIX y primeros años del siglo XX, buscaba cauces de expresión para sus obras. Dirá el propio Pedro García Cabrera a finales de 1926:

A *Hespérides* se debe que una legión de literatos jóvenes haya surgido a la publicidad, y son a ellos a quienes se debe, principalmente, la divulgación de las nuevas orientaciones literarias, reaccionando, rebelándose contra moldes que parecían irrompibles.

Poema aparecido en la revista *Hespérides* el 1 de abril de 1926

Líquenes abrió lo que sería la primera etapa de la poesía de Pedro García Cabrera. El profesor Rafael Fernández Hernández comenta que existen dos etapas diferenciadas en el conjunto de su obra poética: una primera, correspondiente a los años de contacto y asimilación de los movimientos de vanguardia (1925-1949), y una segunda etapa (1951-1979), marcada por la rehumanización de su poesía y un interés mayor en la comunicabilidad del hecho poético. Coincido con la apreciación de Fernández Hernández cuando señala que "la época de más interés literario, de mayor genio y vigor creativos" es la primera etapa. Por ello nos circunscribiremos en este texto a apuntar las principales líneas de fuga de esos primeros años de su producción literaria.

El gran protagonista de *Líquenes* es el mar. Pedro García Cabrera ensaya en este libro la incorporación de recursos propios de ciertas vías exploradas por los primeros instantes de las vanguardias en España, en especial, una peculiar mezcla de tradición y ruptura que marcaría a los llamados poetas de la generación del 27: el gusto por la imagen insólita –creadora de nuevas realidades–, la influencia de la poesía de corte popular –neopopularismo– que estaba presente en poetas peninsulares coetáneos como Federico García Lorca y Rafael Alberti, el narrativismo, referencias al paisaje insular junto a elementos propios del mundo moderno. Al decir del profesor Nilo Palenzuela:

> Con *Líquenes* se inicia además una poética de la imagen y la metáfora vanguardistas. También un espacio temático: la realidad geográfica insular.

Los años 30 del siglo XX fueron de una gran efervescencia tanto en el plano literario y cultural como en el político para el poeta. En 1930 el periódico *La Tarde* acogió uno de los trabajos más importantes de García Cabrera en el ámbito de la crítica y el pensamiento: el ensayo "El hombre en función del paisaje", conjunto de reflexiones surgidas al calor de la exposición de la Escuela Luján Pérez en el Círculo de Bellas Artes. Ese mismo año se afilió al Partido Socialista Obrero Español (PSOE), se hizo cargo de la dirección del semanario *Altavoz* y fue uno de los impulsores de la revista *Cartones*. Al año siguiente, con el inicio de la II República, fue elegido Concejal del Ayuntamiento de Santa Cruz de Tenerife y pasó a dirigir *El Socialista*.

En el citado texto, "El hombre en función del paisaje", el poeta gomero medita sobre la influencia del paisaje sobre la condición del insular y cómo ello se ha materializado en la literatura. Condena en la literatura regionalista el excesivo apego a lo pintoresco, al estereotipo, y reclama que un verdadero arte, un arte vivo, deberá fundarse sobre elementos universales del paisaje.

Así, sostiene que:

Nuestro arte hay que elevarlo sobre paisajes de mar y montañas. Montañas con barrancos, con piteras, con euforbias, con dragos... Lo general a todas las islas o casi todas. Nada de Teide, Caldera, Nublo, Roque Cani, Montañas de Fuego... Eso está bien para una guía turística.

Y, en otro artículo esencial titulado "Regionalismo y universalismo", lleva a cabo una distinción esclarecedora entre los conceptos de cosmopolitismo y universalismo para entender el pensamiento que latía detrás de las principales indagaciones de los escritores jóvenes que se sumarían al desarrollo vanguardista:

Mientras el cosmopolitismo es solo general, el universalismo es general y local –o también nacional–. Es decir, que los elementos de región son la materia prima para fabricar un arte universal.

LA ERA DE *GACETA DE ARTE* (1932-1936)

En 1932 comenzó una de las aventuras intelectuales más grandes de las letras insulares: la publicación de la revista *Gaceta de Arte*. Pilotada por Eduardo Westerdahl como director, contaba con Domingo Pérez Minik, Francisco Aguilar, Domingo López Torres, Óscar Pestana y José Arozena como redactores; en ella figuraría como secretario nuestro poeta. Esta revista, de proyección internacional, acogió muestras creativas pertenecientes a lo más selecto del momento, y atendió a algunos de los debates más relevantes del arte de la época. Sus intereses cubrieron un amplísimo espectro.

En las ediciones paralelas de *Gaceta de arte* se publicó en 1934 el siguiente poemario de García Cabrera: *Transparencias fugadas*. Aquí se atiende al aire, en su flujo dinámico, y las concreciones poéticas que ello suscita en el poeta, en un viraje tonal que lo acerca a una poética de corte abstracto:

[1]

El aire entraba en mí sin encontrarme.
En el globo cautivo de mi pecho
me contaba las islas invernadas,
las agudas piteras, los barrancos,
los desmandados mares sin adioses.
Y persiguió los pozos de las venas,
las galerías de los instintos,
las puertas de las cámaras vitales.
Y se marchó de mí sin encontrarme.
Yo me hallaba tan hondo y tan espejo
que era invisible al aire.

De *Transparencias fugadas* dirá Domingo López Torres:

Su poesía tiene la virtud de, en un momento determinado, débil y propicio, adentrarse en nosotros con tal fuerza que alborota nuestras más íntimas estancias ahuyentando lo cotidiano.

También en este período –en torno a 1934-1935– escribe *La rodilla en el agua*, que quedará inédito hasta 1981, y que prosigue en un mismo lenguaje el motivo temático de la isla:

CÓMO ES TU GOZO

Los verbos desconocen ese tiempo
que es anterior y posterior a todo.
Tiempo en que tú naciste sin nacer,
cuando el agua y el cielo de tan cerca
tenían en proyecto el horizonte.
Cuando el silencio va a romper en grito
sin dejar de ser grito y ser silencio.
Y el ala es ala ya y aún no vuela.
Y el mar, siendo ya mar, no ha comenzado
a mover el diafragma de los aires.
En ese instante de equilibrio puro,
tú, isla, soledad, pájaro mío.

Los primeros años 30 suponen la paulatina asimilación del surrealismo por parte de algunos escritores tinerfeños, especialmente Agustín Espinosa (1897-1939) y Emeterio Gutiérrez Albelo. En el seno de los colaboradores de *Gaceta de Arte*, atentos a las nuevas direcciones del arte nuevo, se fue gestando lo que luego Pérez Minik llegó a denominar como facción española surrealista de Tenerife. En este grupo militaron, aparte de los citados Gutiérrez Albelo y Espinosa, el mismo Pedro García Cabrera, José María de la Rosa y Domingo López Torres (1910-1937). Este último, fue el más atento difusor, a través de sus ensayos, del movimiento.

Portada del primer ejemplar de *Gaceta de Arte*, febrero de 1932

El crítico Jorge Rodríguez Padrón ha dicho a propósito del surrealismo lo siguiente:

El sentimiento básico del surrealismo es, pues, el de rebeldía frente a la existencia. [...] lo que dará sentido original al surrealismo será su apetencia de absoluto y la materialización de tal deseo a través de imágenes. no se quedará en la investigación de la intimidad más

Daniel Bernal Suárez

oculta del sujeto creador, sino que alcanza a ser una nueva moral, una nueva forma de belleza. El surrealismo se forma en la revolución, en el revulsivo que se ofrece como alternativa de esa sociedad sometida a la violencia, a las prohibiciones, a los falsos prejuicios, a la clandestinidad de los deseos. Y el arma del que disponen para lograrlo será la destrucción del lenguaje, del vehículo de ordenación y expresión lógica de las ideas: una destrucción del lenguaje para descubrir entre sus ruinas la verdadera libertad del hombre.

La revolución a la que aspiraba un movimiento de vanguardia como el surrealismo no se agotaba en el sentido artístico, por tanto, sino que se buscaba una revolución total de la vida. De ahí que, en sus comienzos, el grupo surrealista se sintiese tan próximo al marxismo –con los años y la terrible experiencia soviética el grupo surrealista parisino se dividiría sobre este asunto–. Los miembros de *Gaceta de Arte* también se interesaron por esta vertiente revolucionaria que perseguía aunar innovación estética y progreso político y social.

Uno de los grandes hitos de *Gaceta de Arte* fue la organización de la 2ª Exposición Internacional Surrealista en 1935. En efecto, con la ayuda y mediación del pintor Óscar Domínguez –que a la sazón residía en Francia y formaba parte del grupo surrealista parisino–, se logró traer un considerable número de obras plásticas debidas a artistas como: Picasso, Dalí, Óscar Domínguez, Miró, Tanguy, Arp, de Chirico, Giacommetti, Ernst, etc. Y que vinieran A. Breton, J. Lamba y B. Péret. Aparte de la Exposición se organizaron otros actos. Conviene resaltar, por ejemplo, la aparición del *Segundo Boletín Internacional del Surrealismo* y la tentativa truncada de exhibición de la película de Buñuel *La edad de oro*. En efecto, dentro de los actos alrededor de la Exposición estaba programada la proyección de dicha película, cosa que no pudo realizarse por las protestas de ciertos grupos católicos que iniciaron una campaña contra el *film* en *La Gaceta de Tenerife*, por considerar que se trataba de una muestra de "cine inmoral".

Ya en 1934 Pedro García Cabrera concibió el texto surrealista *Los senos de tinta*, que permaneció inédito hasta su publicación. Solo se ha conservado parte del mismo: la primera página se ha perdido. Sin embargo, nos permite asistir a la materialización plena del surrealismo en nuestro autor. Nilo Palenzuela asevera sobre este texto:

El subconsciente es visto, en buena ortodoxia freudiana y surrealista, como zona en la que desaparecen los límites de tiempo y espacio. Las imágenes oníricas se mezclan y confunden por momentos en medio del erotismo y las mutilaciones, de las que no faltan visiones de espantajos y gusanos nauseabundos que delatan la actitud expresionista del surrealismo insular.

Veamos un fragmento:

En medio de aquella montaña rusa de declives cortantes, de valses gigantes, de inclinaciones hospitalarias, la emboscada afiló primitivos temores y asfixiantes caperuzas de agresivos silencios. Coágulos de tinta presentaban sus senos a las definiciones táctiles. En la noche, se revolvieron todos los objetos. Las geografías, bostezaban simas sin fondo. Una avalancha de esponjosos gusanos recorrían sus dedos. Los nervios, los músculos, todas las resistencias que sostenían de pie sus arquitecturas serenas, se aflojaron en un desequilibrio de globo sin gas. Cerró los ojos. Turbios despeñaderos abrieron sus fauces tras los párpados. Retiró las manos, cogiéndoselas, apretando y restregándolas para devolvérselas a su cuerpo. La columna vertebral era un bastón de hielo. Todas estas impresiones, al amontonarse ahora desordenadamente, cuando el sueño iniciaba sus desmadejados aldabonazos, le avivaban más y más las hoscas rompientes olvidadas en aquel naufragio de su cariño.

Su poesía se internó por los vericuetos del surrealismo: escribió los poemas pertenecientes al libro *Dársena con despertadores* (en 1936) y empezó la escritura de *Entre la guerra y tú* (en 1936 y que terminaría ya en 1939). Ambos poemarios no se publicaron como libros hasta pasados muchos años.

Dársena con despertadores representa, junto a *Los senos de tinta*, la más alta exploración surrealista de Pedro García Cabrera. Es, en palabras del profesor Miguel Pérez Corrales, "uno de los libros más sorprendentes del surrealismo en lengua castellana". En su génesis Pedro García Cabrera se dejó guiar por el hallazgo fortuito y por las conexiones azarosas que los vocablos entablaban entre sí:

HABLA EL PÁJARO DEL SUEÑO

Como por sus hábitos se desconocen los fantasmas quiero exponer
[la clave de mis actos mejores.
Así aprenderéis que
para psicoanalizar el vuelo de las mariposas
no hay mejor aparato que los imanes de mi propio pico.
Que no siento envidia de la niebla
porque la verdadera soy yo mismo, adaptada
a la forma de mi deseo de trotamundos.
La que veis en el campo es solo un espejismo
que no puede sostener las arañas de los reflejos.
Que aprovechando los insomnios de mi larga cola de encaje
puede un insecto oscurecer la noche de unas sienes.
Lo que no sabréis nunca es si los caminos
dan el pecho o la espalda a los transeúntes porque depende
de cuál de mis alas señale el oeste de un grito. Nadie podrá
[explicarse que mi mayor sorpresa
sea hallar un violín pelirrubio
en una voraz planicie de hielo,
aunque sepa que el color de las ansias
es el del llanto de un amor madurado entre ortigas.
Lo mismo de un caracol, que de un suspiro, que de una pezuña,
haría un micrófono
para oír el jadeo del agua en los fondos de la luz.
Si existiera mi muerte
enviaría a buscarla por mis ojos adentro
con el primer sombrero de copa que pasase vestido con plumas
[incendiadas.
Hay una palabra única que me levanta la ternura,
esa que se balancea
en la punta de la lengua de un retórico.
Para mí nunca llueve, pero si me lloviese
serían letras góticas y algodones en llamas.
Este es mi alcohol. Líbalo mientras duermes.
Por esta vez tan solo a conduciros voy
al paisaje más iracundo de la tierra,
sangrando a la derecha de un ensueño de alondras.
Ninguna esperanza
me obceca,
tanto por ser todas las obcecaciones a la vez
como por inclinarme más allá de todos los mares.

Así comprenderéis
que no tengo salvación fuera de mis costados,
que soy azar y suerte
porque vivo en las fuentes de donde manan,
que siendo la más audaz caja de prestidigitadores
anido en la encrucijada de las querencias.
Y que mi exclusivo fracaso,
el mío,
el del pájaro del sueño,
es que nadie me reconozca
como la ganzúa de todas las claridades.

Los tres primeros poemas del volumen *Entre la guerra y tú* se gestaron antes del estallido de la Guerra civil y se publicaron en el último número de *Gaceta de Arte*. Muy significativo sobre el estado de cosas es el tercero:

[3]

CON LA MANO EN LA SANGRE

Nadie se acuerda ya de la Gran Guerra
y aún tienen los ríos su largo brazo en cabestrillo
y los ojos saltados los puentes
y corazones ortopédicos los hombres.
Solo tú, yo y aquel sueño polar de golondrinas,
con nuestras aguas verdes por la espera,
batimos el recuerdo en tu mármol, en mi frente, en su oído.
Nos venderán de nuevo
aunque prosigan con su rebelión armada los rosales
y la mentira con sus tres dimensiones y un pico con ojeras
y el treno de los trenes en el trino de una estación al este de los
                                                              [mares.
Todo se perderá: corales, ruiseñores,
la última comedia que apunte el caracol desde su concha,
los diarios que voceen las ranas al crepúsculo,
tu orfelinato de montañas locas,
tantas y tantas cosas que ignoran los cipreses.
Y de tu voz, hasta de tu voz, que enlaza la seda con los pámpanos,
fabricarán cañones que habrán de bendecir los obispos
para que rompan más eficazmente las venas de los sueños.
Se nos dará una gran razón: que somos hijos de la patria,
sin saber que a ti, a mí y al sueño polar de golondrinas
nos sobra espacio para vivir aun dentro de un beso de paloma.

En las elecciones de 1936 repite como concejal, esta vez del Frente Popular. Viajó a Madrid para presenciar la elección de Manuel Azaña como presidente de la República. El alzamiento militar de julio en contra de la II República dio inicio a la cruenta Guerra Civil. Pedro García Cabrera es hecho prisionero entonces. Pasó primero por un barco-prisión y luego terminó siendo internado en el campo de concentración de Villa Cisneros –en el Sáhara–, al que fue llevado a bordo del correíllo *Viera y Clavijo*.

UNA VOZ CERCADA: LOS DIFÍCILES AÑOS DE POSGUERRA (1937-1945)

En 1937 los prisioneros de Villa Cisneros logran fugarse a bordo del Viera y Clavijo. Pedro García Cabrera recaló primero en Senegal. De ahí entró en Europa por Francia y pasó a la Península, donde se unió a las filas del frente republicano en Andalucía para seguir luchando por la defensa de la II República. Sufrió un grave accidente y fue internado en el hospital de Jaén.

Allí conoció a quien sería su futura esposa: Matilde Torres Marchal. Ya en 1939 volvió a ser detenido por las tropas franquistas y llevado a prisión en Granada. Fue liberado en 1944, por poco tiempo, ya que se desplazó a Madrid y lo detuvieron de nuevo. Fue enviado entonces a Tenerife para ser juzgado. Fue condenado y, entre los indultos y redención de penas por trabajo, obtuvo la libertad vigilada en 1946.

Antigua fotografía del poeta

Estos largos años en prisión serán fructíferos en cuanto a su escritura poética. En efecto, en estos años concluyó la redacción de cuatro volúmenes: *Entre la guerra y tú*, *Romancero cautivo*, *La arena y la intimidad* y *Hombros de ausencia*. Influida por las circunstancias históricas del momento y por las experiencias vitales del poeta, su poesía se reorientó hacia una vena más atenta a lo social y al compromiso con la libertad. En una entrevista que le hizo el poeta Lázaro Santana en la revista *Aguayro* sostuvo que:

> Como te decía antes, la guerra marca. La experiencia humana es decisiva, al estar conviviendo con hombres al desnudo. No es lo mismo que en la calle, donde cada uno oculta su intimidad, donde sus problemas no se reflejan. Lo mismo en la prisión que en los campos de concentración, que en las acciones mancomunadas de defensa, el hombre se presenta al desnudo totalmente, y esto tiene una importancia extraordinaria.

A partir de la década de 1950, el magisterio de Pedro García Cabrera se dejó sentir a través de numerosos hechos: se reactivaron las publicaciones de sus libros tras el silencio del largo período carcelario, participó en diversos actos e iniciativas culturales, y las generaciones siguientes le rindieron homenaje y bebieron de su obra.

Nuestro poeta falleció en Tenerife en 1981. La larga sombra de quien probablemente sea el mayor poeta canario del siglo XX atraviesa el tiempo y nos sigue emocionando con la fuerza y belleza inigualable de sus versos.

.

Notas

Es de suma relevancia señalar que, para esta cronología, hemos seguido las fechas manejadas por la crítica especializada hasta el momento. Sin embargo, el trabajo de edición de *La aurora sumergida y otros poemas inéditos*, a cargo del investigador y escritor Roberto García de Mesa, aporta datos relevantes que podrían afectar tanto a las primeras tentativas surrealistas de Pedro García Cabrera como a la fecha de finalización de lo que terminaría por ser *Dársena con despertadores*. Remitimos a dicha edición: *La aurora sumergida y otros poemas inéditos*, Pedro García Cabrera. Edición crítica a cargo de Roberto García de Mesa (Santa Cruz de Tenerife: Ediciones Idea, 2010).

BIBLIOGRAFÍA

FERNÁNDEZ, R.: "Pedro García Cabrera: los años vanguardistas". En *Atlántica: revista de las artes*, nº 2-3, 1991.

GARCÍA CABRERA, P.: *Obras completas* (4 volúmenes). Gobierno de Canarias, 1987.

__: *Biblioteca del centenario. Volumen I.* Ediciones Idea, Santa Cruz de Tenerife, 2004.

__: *La aurora sumergida y otros poemas inéditos.* Edición crítica a cargo de Roberto García de Mesa. Ediciones Idea, Santa Cruz de Tenerife, 2010.

PALENZUELA, N.: *El primer Pedro García Cabrera.* Cabildo Insular de Gran Canaria, 1991.

__: *Visiones de Gaceta de Arte.* Cabildo de Gran Canaria, 1999.

PÉREZ CORRALES, l.: *Caleidoscopio surrealista.* La Página Ediciones, 2015.

PÉREZ MINIK, D.: *Facción española surrealista de Tenerife.* Edición crítica a cargo de Roberto García de Mesa. Ediciones Idea, Santa Cruz de Tenerife, 2018.

RODRÍGUEZ PADRÓN, J.: *Lectura de la poesía canaria contemporánea. Tomo I.* Colección Clavijo y Fajardo, Gobierno de Canarias, 2001.

SANTANA, L.: "Conversatorio con Pedro García Cabrera: un poeta para el hombre y la esperanza". En *Aguayro*, nº 89, pp. 24-27, 1977.

II. Vallehermoso en la infancia de Pedro García Cabrera

ARÓN MORALES PÉREZ

HISTORIADOR

Son muchos los autores que, en el ámbito de la psicología y la pedagogía, entienden el contexto en el que se desarrolla una persona como elemento que determina y condiciona su pensamiento, su forma de ser y de aprender. Sin entrar a debatir si estas teorías contextualistas son más o menos ciertas, a los que somos de Vallehermoso, y entendemos que Pedro García Cabrera es el mayor de nuestros iconos culturales, nos gusta pensar que algo habrán tenido que ver las calles, las montañas, los aromas, la gente y "cualquiera de esas piedras" que dan forma a nuestro pueblo, en la inigualable creatividad de la mente que creara una de las más importantes obras de la literatura canaria.

Vallehermoso fue, casi fruto del azar, el lugar en el que el hijo del maestro que enseñaba en la escuela de niños de Arure, vio la primera luz. Será su familia, pero también los rincones de El Palmar, las características socioeconómicas y el ambiente cultural del pueblo, los que inspirarán y condicionarán ese primer acercamiento que García Cabrera tendrá con la literatura, la música y la poesía; pero también con la gente, la naturaleza y la política.

El pueblo, la isla, su vegetación y de nuevo, sus piedras, se convierten en las perfectas musas que aglutinan las sílabas de sus poemas. Pero, ¿cómo era el Vallehermoso que vio andar por vez primera a El Poeta?

Para acercarnos a la realidad de este pueblo al norte y sur de La Gomera, hemos intentado hacer una lectura de lo que, acerca del mismo, se contaba en la prensa en los años que coinciden con

Vallehermoso en 1883, Charles Alluaud,
Biblioteca Nacional de Francia

la infancia del poeta, así como lo que los documentos oficiales
recogían, teniendo en cuenta que el aparato burocrático de la
época, primera y segunda década del siglo XX, no tenía la exac-
titud a la que si se aproxima en la actualidad.

Así, más allá de llenar estas páginas con cifras y datos cuanti-
tativos, basamos nuestra aproximación a la realidad del pueblo
en las opiniones de viajeros, en la información de los correspon-
sales de prensa, en los artículos de opinión de algunos personajes
de la vida pública del municipio, entre los que se encontraba Don
Pedro García Sánchez, padre de nuestro autor, pero también en
las cifras recogidas en los Boletines y los censos oficiales y otros
documentos públicos.

"Cultísimo", "fértil", "un pueblo de costumbres modernas",
"una ciudad en miniatura"... Son algunos de los apelativos con
los que se refieren los visitantes tras conocer a los pantaneros y
pantaneras. Por el contrario, la hemeroteca nos habla de una
realidad salpicada de asesinatos, incendios, plagas, enfermedades, reyertas, robos, que quizás no fueran la tónica general, pero
sí que permiten hacerse una idea de lo complejo del Vallehermoso de la primera década del siglo XX.

Para el análisis pormenorizado de la realidad del pueblo, le
propongo a quien lee estas líneas un análisis temático que describe

los diferentes aspectos que condicionaban la vida en el municipio y que, tras su lectura, permita hacerse una idea del contexto en el que se pudo haber desarrollado un día normal en la vida de aquel niño de El Palmar que llegara a convertirse en Poeta.

UNA PEQUEÑA CIUDAD AL NORTE DE LA GOMERA

El pueblo se estructuraba, igual que en la actualidad, en torno a un núcleo principal conformado entorno al eje que unía la Iglesia de San Juan Bautista[1] –en esos momentos en reconstrucción tras haber sufrido un incendio en 1893– con la Plaza de la Consolación –Rodríguez Lázaro–, al final de la Calle Triana. En este paseo, se sucedían las viviendas y locales comerciales, cafés, locales sociales, escuelas… Que daban a la calle un aire urbanita. Estas viviendas, la mayoría de las cuales se conservan en la actualidad con mayor o menor suerte de conservación, reproducían un modelo común con una arquitectura de una o dos alturas.

Más allá de estas calles, según se adentraban en los callejones y caminos, se encontraban los barrios y caseríos desgranándose junto a los márgenes de los barrancos y las tierras de cultivo.

Las calles, con alumbrado público desde 1904, de tierra pisada combinándose con caminos de callaos o laja de piedra, la mejor de las veces, aptos para su tránsito a pie o a lomos de animales de carga por la inexistencia de vehículos hasta 1926.

Vallehermoso era un pueblo rico. No porque sus habitantes vivieran con opulencia sino porque tenía casi todo lo que podía necesitar un pueblo de principios del s. XX para prosperar económicamente. Las cifras de exportación y las crónicas de viajeros coinciden en la idoneidad del valle para la agricultura. Un

---

[1] En 1910, terminado de construir el edificio de la parroquia de San Juan Bautista, se inaugura con una estética muy similar a la que presenta en la actualidad, salvo por la incorporación del último nivel del campanario.

clima espléndido, una calidad de la tierra inmejorable y la providencia de aguas para el riego, hicieron que la producción hortofrutícola se convirtiera en la actividad comercial principal. Al autoconsumo se suman los grandes cultivos de la papa, el plátano y el tomate, que serán el sustento de las compañías familiares más acomodadas del pueblo. Serán estos los que puedan sufragar los gastos para la construcción de los pescantes y serán ellos también los que ocupen un papel principal en el aspecto político.

Vallehermoso a comienzos del siglo XX
Editada por Burkhard Bartels

Esta mencionada fertilidad del valle queda patente en la intención de hacer ensayos para el cultivo de café de origen mexicano, además de los ensayos con resultados notables para el cultivo más allá de la cuenca de los barrancos de El Ingenio y Macayo, con la creación de la Finca de La Dama, una concentración de terreno fértil bajo un único propietario que destaca por su modelo de cultivo novedoso.

Otro símbolo de la buena salud económica del municipio se percibe en la aparición de agentes de algunos bancos internacionales en el pueblo.

Sin embargo, a la hostilidad del relieve montañoso que los gomeros y gomeras llevaban salvando algunos siglos por medio de bancales, hubo que sumarle inconvenientes para el cultivo, como la plaga de langosta, que no fue algo anecdótico, por la frecuencia en la que se toman acuerdos políticos y se interviene al respecto.

Vallehermoso a comienzo del siglo XX
Fotografía Alemana, Fondo FEDAC

En una isla de apenas 370 km^2, en la que la mayor parte del terreno es escarpado, el acceso a las tierras de cultivo es complejo. En un municipio que vive principalmente de la agricultura que carece de galerías y acuíferos, y que depende exclusivamente del agua de lluvia para el riego –carente de una canalización y embalse de agua controlada– el acceso al agua, a los nacientes y las aguas corrientes del barranco se situarán como origen de algunos conflictos. Vallehermoso tenía agua, pero veremos cómo se dirimen algunos conflictos entre personas, barrios y zonas que se declaran propietarios de las aguas, impidiendo el riego a quienes poseían zonas de cultivo en el fondo de los barrancos.

La exportación de cultivos es la que marca la agenda y la realidad del transporte en la isla. Los pescantes se construyen para dar salida al excedente agrícola y es este puente el que permite la entrada de personas y, sobre todo, de ideas. Sin embargo, la conectividad de la isla no depende de estas estructuras exclusivamente. Sin el servicio intermitente de transporte de mercancías y pasajeros, los embarcaderos quedan sin utilidad alguna. Las compañías que suministran el servicio de transporte no siempre se encuentran en disposición de ofrecer los viajes lo que, en algunos casos y con más frecuencia de la debida, dejaban incomunicado al municipio por mar.

La segunda década del siglo XX supone un agravamiento de estos problemas. La situación en el archipiélago, y quizás en general en una Europa inmersa en la Gran Guerra, hicieron cada vez más complicado que los barcos mantuvieran la frecuencia de sus viajes. Sin barcos que se arrimaran a los pescantes el tráfico de mercancías se vio perjudicado. Los cultivadores se vieron obligados en alguna ocasión a sacrificar la cosecha arrancando las plantaciones para evitar el agotamiento de los suelos en una producción que no iba a poder comercializarse.

LA CUESTIÓN POLÍTICA

Desde el punto de vista histórico, Pedro García Cabrera nace en el periodo de la Historia de España que la historiografía ha bautizado como Restauración, marcado por el regreso de la monarquía borbónica tras la primera experiencia republicana (1873-1874). Vallehermoso no está exento de la realidad política que se vive en cualquier punto de España en esta época. En este sentido, debemos hablar de la pervivencia de un sistema caciquil como estructura en lo social, lo político y lo económico, que delimitaba las relaciones entre vecinos, la estructura laboral de jornaleros, propietarios y el régimen de medianería. Debemos hablar también de pucherazos en las elecciones a concejales y representantes políticos de la isla en el exterior y que verán a nuestro pueblo y sus gentes, protagonizando juicios e investigaciones en las que se acusa a determinados individuos de robar y destruir actas electorales en favor de algún candidato; de un Regeneracionismo, presente en el discurso de aquellos que entendían superada la forma de política del momento y que no dudaban en proponer un nuevo modelo de país enunciando una serie de mejoras que contribuyeran a mejorar la isla y el municipio, liberándose del control de los caciques. Entre estos regeneracionistas podríamos ubicar al padre del poeta, siempre crítico con la falta de implicación política en la resolución de los problemas de la isla.

En el aspecto ideológico no podemos entrar a valorar el tipo de inclinación predominante en el municipio, más allá de comentar la existencia de un grupo republicano, y de lo que entendemos es una mayoría conservadora que saldrá victoriosa en las sucesivas elecciones. Sin embargo, no podemos afirmar que estos datos son realmente representativos del sentimiento y conciencia política del pueblo, o fruto de esos pucherazos y manipulación electoral de los que es testigo la hemeroteca.

Con todo, vemos a un municipio con ocho concejales en su ayuntamiento, con una plaza de notario y una plaza de juez. Un ayuntamiento y un pueblo empoderado hasta el punto de querer competir con San Sebastián de La Gomera por la capitalidad de la isla. El argumentario para esta reclamación se basa en la capacidad y nivel de producción económica existente en el municipio, así como en su relevancia cultural y su superioridad demográfica.

Este auge socioeconómico entra en declive con la llegada de los años veinte. De la misma forma, se verán frenadas estas aspiraciones y la prensa será testigo de un sentimiento de desgobierno y crisis como consecuencia de la situación económica. Esta tendencia y la pérdida de predominio del municipio tendrán su mayor reflejo en los años posteriores en los artículos de prensa que publicará, entre otros, un joven Pedro García Cabrera.

EL PUEBLO Y SU GENTE

Vallehermoso era y es su gente. Si los visitantes hablan de un ambiente cosmopolita es, en parte, gracias a las más de 6.000 personas que habitaban el municipio. Una población de gente campesina con gusto por la cultura, pero iletrada, con una diferenciación social condicionada por el poder adquisitivo y la pertenencia a una u otra familia. Una sociedad controlada por ese sistema caciquil que garantiza que sigan existiendo amos y sirvientes, y en la que, debemos suponer, la figura del maestro tiene una consideración especial, por ser referente cultural para el resto de vecinos y vecinas.

Observamos algunos escenarios fundamentales en los que se ponía de manifiesto esa dualidad de pobres-ricos, amos-sirvientes. Además de una estructura psico-social que mantenía una separación entre ambas partes, esta dualidad se refleja en espacios concretos tales como la iglesia y los centros sociales, además de los espacios de representación política. No todas las personas del valle podían acceder a los cargos de concejales del ayuntamiento. Ni siquiera a las escuelas como la que regentaba Don Pedro García Sánchez, al comité local de exploradores de los *Boy Scouts* recién creado en 1916, o a los espacios de reunión de El Casino, el Liceo del Valle, y la Sociedad Centro la Unión; que sirven de lugar de reunión, juego y celebraciones.

Antigua fotografía
de Vallehermoso

La emigración será una de las salidas que permita a los pantaneros y pantaneras escapar de esa estructura socioeconómica en la que no habían tenido la suerte de ocupar un buen lugar. La salida hacia Cuba, principalmente, no siempre tuvo buenos resultados. Esta supuso una forma de escapar de las enfermedades y pandemias del momento –gripe, tifus o viruela–, de la carencia de suelo para cultivar, de mano de obra y el acceso a médicos y medicinas, de los que carecían sobre todo en los barrios del municipio.

En el mejor de los casos, esa migración permitirá el retorno de reembolsos económicos que permitirán la construcción, por ejemplo, de los dos primeros pescantes de la isla[2]. En otros, una ruptura total con la familia que quedaba atrás. En varias ocasiones, el viaje de ida no resultaba

---

[2] A cargo de D. Domingo García González.

del todo satisfactorio; aconteciendo algún que otro naufragio y algunas repatriaciones de pantaneros por considerárseles "agitadores sociales" en los países de llegada.

Asesinatos, estafas, hurtos, infanticidios, incendios, "tráfico de doncellas", reyertas... Entendemos que no debieron entrar en el imaginario y entorno del primer Pedro García Cabrera, pero eran cuestiones que se sucedían en el pueblo y de ello se hacían eco los principales periódicos de la provincia. Esta conflictividad nos ayuda a entender cuáles eran los principales problemas a los que debían enfrentarse los vecinos y vecinas. La escasa seguridad en el trabajo y en los transportes, la importancia de la posesión de la tierra en una sociedad agraria que pugna por la posesión de un metro cuadrado que poner en cultivo, el conflicto entre ganadería y agricultura y el uso de los espacios, la propiedad y la importancia de los recursos forestales, una conciencia ecologista naciente y el papel fundamental de los guardas forestales. El despertar de una conciencia social y laboral, las tímidas reacciones frente al caciquismo, la pobreza y la picaresca por la subsistencia... Todos esos ejemplos hablan de la polarización económica ya citada, que contrasta con la imagen que se da en las fotos de la época, en las que aquellas familias, que muchas veces no tenían ni tierra para cultivar ni alimento que llevarse a la boca, ni son protagonistas ni aparecen retratadas.

Uno de los problemas fundamentales para el municipio, tal y como vimos en el terreno económico, es la conectividad. El esplendor económico y social dependen, en gran medida, de las circunstancias que permiten o no conectar con el exterior. A la red de caminos que unían el pueblo con el resto de municipios y barrios –también para el transporte de mercancías mediante el empleo de burros, caballos, mulas y camellos– hay que unir el transporte marítimo en los que los pescantes y la playa juegan el papel principal. En este sentido, el transporte se hace costoso por la realidad orográfica e intermitente, por el condicionante impredecible del estado de la mar y por otras circunstancias que frenaban la entrada de barcos.

La comunicación telefónica o telegráfica data de 1912 y supondrá una mejora en el intercambio de informaciones. Ante un servicio postal que no tenía la frecuencia necesaria y que hace

Pedro García Cabrera en su niñez,
Fundación Pedro García Cabrera

que el pueblo deje de recibir correspondencia por temporadas de hasta tres meses, la llegada de una central de comunicaciones se entiende como una de las grandes conquistas del municipio. Vallehermoso dejaría de tener que esperar hasta diez días para conocer cualquier suceso del exterior.

Son, quizás, estas razones las que explican el malestar en la población cada vez que las vías de comunicación se ven cortadas y las que convierten la carretera entre el pueblo y San Sebastián en la solución ansiada para dar salida a la mayor parte de los males de los que adolecía el municipio.

LA CULTURA EN CASA

La Cultura, como la educación, estaba en casa. Resulta fácil imaginar una tarde en su casa de El Palmar leyendo, cantando o recitando rimas de Bécquer o Rubén Darío. Sin embargo, ese reducto al final del barranco de Macayo no debió ser sino un pequeño ejemplo del ambiente cultural que se vivía en las calles de Vallehermoso. Sorprende la unanimidad con que refieren las fuentes a este aspecto para destacar la cultura que se vivía entre las gentes del municipio, en los locales sociales, en las celebraciones festivas.

No solo la familia del poeta gustaba del placer por la lectura, son varias las referencias a vecinos amantes de la filosofía, de la poesía y los clásicos de la literatura.

Desde Vallehermoso se remiten con asiduidad composiciones poéticas que son publicadas en la prensa provincial, bajo la autoría de Bohemia Pulido Salazar o Andrés Fernández Bethencourt. Se aprovecha cualquier celebración para organizar recitales, veladas literarias, concursos de poesía, representaciones de teatro... Pero no solo las letras tienen cabida entre su gente. La música de cuerdas y los rasgueos de guitarra aprendidos de forma autodidacta y sin formación de lectura musical, llenaban no solo los bailes y fiestas de los clubes sociales, sino que cualquier tarde de verano era posible disfrutar de un paseo amenizado por la música en las calles del pueblo, una lectura grupal en el patio de una casa o un recital en los recodos de los caminos vecinales.

El interés por la cultura hace posible la inauguración de un Ateneo –1916– o la solicitud al gobierno de la provincia de la creación de una escuela de artes y oficios en el municipio.

La educación, junto a la conectividad, se sitúa en el centro de las preocupaciones permanentes en el municipio. En la prensa, los escritos con tintes regeneracionistas narran la necesidad de acercar la educación a los ciudadanos que reclaman más escuelas y maestros o maestras, por encontrarse en algunos momentos carentes de ellos. Entendemos que nuestro poeta no tuvo esta necesidad. El maestro, su padre, estaba en casa y, además de eso, asistirá a la escuela para niños, donde aprenderá las primeras letras. Es el propio García Sánchez, en sus escritos remitidos a la prensa quien reconoce la carencia de maestros y maestras suficientes, la ausencia de locales para su uso educativo, la inestabilidad de los salarios que debe asumir en parte, y en algunos momentos, el Ayuntamiento.

Las pocas escuelas que se autorizan en el pueblo son escuelas segregadas en las que niños y niñas aprenden por separado. Hasta 1919 no encontramos una escuela mixta.

Muchas veces, las escuelas ocuparán el lugar de centros no solo educativos sino culturales, siendo escenarios de conferencias y otras acciones destinadas al fomento de la cultura y la asistencia a aquellos estudiantes con más dificultades. En este sentido se creará una Mutualidad –Fénix del Valle– que desde las escuelas iniciará una labor de ayuda a aquellos alumnos y alumnas con más problemas económicos.

Pedro García Cabrera jugó en los charcos del barranco como las ranas cuyo croar ensordecedor anuncian las noches de Vallehermoso. Sus primeros juguetes debieron estar tallados con las cañas que crecen junto a las ñameras de esos mismos barrancos. Allí conoció la música, la de guitarra y laúd que se cantaba en la calle y los patios. La de chácaras y tambor que acompañaban romances y Santo Domingos. Contempló cómo se desangra una palmera y se empapó de guarapo en las primeras horas de la mañana. Sus primeras lecturas fueron interrumpidas por algún silbo. Las hogueras de San Juan, el monte, Epina, Garajonay, Santa Clara, Los Chapines. Sus leyendas, el pescante, el mar del norte que une y separa a la isla, por donde entraba y salía la libertad... La Paz.

Todo eso está presente en sus palabras, son parte de sus metáforas puras y sus paradojas o al menos, a los que somos de Vallehermoso, nos gusta pensar eso.

Antigua visión panorámica del casco

BIBLIOGRAFÍA

BURRIEL, E.: "Marginación económica y migración: La población de La Gomera desde mediados del s. XIX". En *Estudios Colombinos*, nº 2, Santa Cruz de Tenerife, 1981.

DARIAS, A.: *La Gomera. Espacio Tiempo y Forma*. Fred Olsen, Santa Cruz de Tenerife, 1992.

DARIAS, A.: "Notas para la Hª de la parroquia de Vallehermoso". En *Revista de Historia Canaria*, nº 175, 1984-1986.

DÍAZ, G.: *Pescantes de La Gomera. Testimonio de la arqueología industrial de Canarias*. Cabildo de La Gomera, 2008.

FERNÁNDEZ, A.J., FERNÁNDEZ, M.: *La Bruma del Roque. Una biografía del gomero Eustaquio García y González (1850-1926)*. 2014.

GARCÍA, P.: *Altavoz. Decenario de la juventud gomera*. San Sebastián de La Gomera, 1930.

JERÉZ, E.: "De la isla de Gomera. Antropología social y política". En *Hespérides*, nº 92, 1927.

MILLARES, A. (dir.): *Canarias. Siglo XX*. Edirca, Las Palmas de Gran Canaria,1983.

MORALES, M.Á.: *Los Pescantes de la Gomera*. Cabildo Insular de La Gomera, 2004.

VILLALBA, E.: *Estructura de la propiedad y cambios sociales en el municipio de Vallehermoso. La propiedad rústica en España y su influencia en la organización del espacio*. Universidad de Alicante, 1981.

PRENSA Y BOLETINES: rastreo de la entrada *Vallehermoso* en todos los números:

- *Boletín Oficial de Canarias* (1900-1921).
- *Boletín Oficial del Obispado de Tenerife* (1912-1921).
- *Boletín Agrícola de la Región Agronómica de Canarias* (Santa Cruz de Tenerife) (1918).
- *Consejo Provincial de Agricultura y Ganadería de Canarias* (1918).
- *Cuba y Canarias - Revista semanal ilustrada* (1912).
- *Diario de Tenerife* (1900-1917).
- *Escuela Canaria* (1910-1916).
- *Gaceta de Tenerife* (1910-1921).
- *La Opinión* (1900-1916).
- *La Prensa* (1910-1921).
- *El Progreso* (1905-1921).
- *La voz de Junonia* (1921).

III. VALLEHERMOSO A COMIENZOS DEL SIGLO XX

RICARDO JESÚS VALERIANO RODRÍGUEZ
HISTORIADOR

La prosperidad del municipio de Vallehermoso se vio gravemente afectada cuando terminó el comercio del vino, que tantos beneficios había proporcionado, en los últimos años del siglo XIX, por ello la población de Vallehermoso vivió un retroceso económico lento pero inexorable.

La producción de vinos y aguardientes para la exportación y comercio insular no proporcionaron el rendimiento económico esperado, y pese a la aparición de otros cultivos complementarios como el tomate, la cochinilla o la orchilla, el siglo XX llegaría al municipio marcado por una importante recesión económica y de las condiciones de vida de los habitantes.

El pescante de Vallehermoso en la década de 1930

El origen del cultivo del tomate de exportación en la isla de La Gomera tuvo lugar en el último cuarto del siglo XIX. La agricultura en La Gomera atravesaba durante esos años un periodo de grave crisis debido a que la inexistencia de carreteras y de medios de locomoción hacía que se agravara más su anémica y financiera situación. Todas las operaciones en el campo tenían que ser a costa de la fuerza humana, excepto las débiles labores de arado.

En un primer momento, el gran impulsor de la exportación tomatera en la isla sería la empresa británica Elder and Fyffes Company, que tenía el monopolio, por lo que los pequeños agricultores dependían de sus "caprichos" al tener el control del transporte y el precio del tomate. Con el fin de lograr una mayor productividad, los ingleses introdujeron notables mejoras, desde la variedad de tomate hasta las técnicas de cultivo, abonado y distribución de aguas.

El plátano fue sustituyendo paulatinamente al tomate. No es pensable que la sustitución se realizara de forma inmediata en toda la superficie que ocupa actualmente. Ni siquiera la burguesía o mayores propietarios arriesgaron de entrada apostando por el plátano.

Este periodo de crisis se pudo paliar en parte, gracias a la llegada del pescante en las costas del municipio, lo cual favoreció las comunicaciones por mar con otros puertos de Canarias. Pero esto no solucionó los problemas económicos del todo, por lo que muchos habitantes se vieron obligados a emigrar, sobre todo a Cuba y Venezuela, en busca de mejor fortuna.

La incorporación de La Gomera a la agricultura de exportación hizo necesario disponer de lugares para el embarque de la fruta. Lo escarpado de la costa y las características del mar hicieron que se optase por construir pescantes en la costa norte. Los pescantes son estructuras con apoyos que se internan en el mar, finalizando con un voladizo que permite la descarga sobre las embarcaciones, muchas veces falúas que luego trasbordaban a los barcos que no podían acercarse a la costa.

El pescante de Vallehermoso supone un ejemplo sólido y palpable del carácter emprendedor de los habitantes de este pueblo norteño y de su capacidad para prosperar por complicadas que sean las circunstancias a las que deban enfrentarse. En La Gomera llegaron a existir cinco de estas estructuras, de las cuales una estuvo situada en Agulo, dos en Vallehermoso, y otras tantas en Hermigua.

Hasta el momento de su construcción, a finales del siglo XIX, La Gomera apenas contaba con algunos fondeaderos que permitían el cabotaje insular y el tráfico de mercancías y pasaje entre un pueblo y otro. Hay que tener en cuenta que el puerto de San Sebastián, como tal, no estuvo culminado totalmente hasta mediados del siglo XX. Por lo tanto, los fondeaderos eran el único medio al que se podía recurrir para sacar de la Isla los cultivos de exportación que en aquella época básicamente eran el plátano y tomate. Acababa un ciclo económico dominado por la cochinilla y comenzaba otro nuevo.

Como hemos señalado anteriormente, vinculados estrechamente a la agricultura de exportación y al auge de los cultivos –primero de tomate y luego de plátano– de finales del siglo XIX y comienzo del XX, en Vallehermoso existieron dos pescantes: uno de propiedad privada perteneciente a la familia de los García, que fue el primero en construirse y que desapareció al poco tiempo bajo un fuerte temporal; y otro de la Sociedad El Porvenir, que perduró en el tiempo desde que se construyó en 1910 hasta desaparecer en 1956, el 13 de diciembre, por un golpe de mar; aunque previamente la construcción de la carretera que uniría Vallehermoso con San Sebastián –capital de la isla– ya había dado el golpe de gracia a los pescantes del Norte de La Gomera.

En Vallehermoso todavía se pueden observar los vestigios del más antiguo de los que existieron en la Isla. Hasta nuestros días ha sobrevivido una parte de la edificación que rehabilitada sirvió durante un tiempo como centro de ocio y cultura, con restaurante incluido. Esta pionera infraestructura fue construida por Domingo García, un indiano retornado que invirtió sus ahorros en esta obra. En principio la estructura era de madera, motivo por el cual apenas duró dos años y acabó siendo arrasada por la fuerza del mar.

En vez de tirar la toalla este emprendedor optó por construir otro de mayor resistencia. García fue jefe del partido conservador en la Isla y un defensor a ultranza de la propiedad privada.

Por ello, limitaba el uso del pescante exclusivamente a sus familiares, amigos y simpatizantes, lo que dio lugar a que el partido liberal, liderados por Antonio Fernández Armas constituyera una sociedad anónima llamada El Porvenir que se encargó de construir otro a 70 metros del anterior y del que también quedan aún algunos restos.

Una interesante descripción del pescante y de su influencia en el desarrollo económico de Vallehermoso la encontramos en un artículo aparecido en la revista *Hespérides*[3] de 1927:

El pescante de Vallehermoso

Vallehermoso es un pueblo en alto. Anidado en una prominencia de terreno volcánico. Abajo está el mar. Y entre los dos, campos de plataneras. Es rico el pueblo por las excelencias de sus tierras. Pero estas excelencias no hubieran sido nada, sólo algo aprovechadas en la intimidad, sin la construcción de ese pescante por cuya mano alargada rueda toda la prosperidad de Vallehermoso.

Del Norte de La Gomera es este mar de la playa de Vallehermoso el más violento, el más corajudo. Y si nos fijamos en esto, la importancia de esta voluntad que llevó a cabo la construcción del Pescante, crece y se agiganta.

A pesar de todas estas dificultades fue el Pescante de Vallehermoso, el primero construido en La Gomera. Después vino el de Agulo. Luego el de Hermigua. Por todo ello los tropiezos que se encontraron en su edificación fueron difíciles de vencer. Sólo una energía y una inteligencia como la de su director don Antonio Fernández, pudieron llevar a cabo una empresa que desde los primeros momentos se vio rodeada del más poderoso de los pesimismos, sin duda alguna explicables, para voluntades no templadas en el calor de esa voluntad de don Antonio Fernández, espíritu guiador del Pescante de Vallehermoso.

El capital social de la Sociedad del Pescante fue de 25.000 pesetas, cantidad modesta para la importancia de la obra que había de realizarse. Sólo a costa de grandes sacrificios y de un verdadero optimismo pudo sacarse adelante esta construcción, cuyo valor ha sido de 60.000 pesetas y que hoy luce su brazo reluciente al sol y como garantía de la prosperidad agrícola de Vallehermoso. Su importancia ya lo da escuetamente estas cifras de bultos de fruta que por él ha salido. Durante un año se embarcaron 10.000 atados de tomates y 60.000 huacales de plátanos.

---

[3] *Revista Hespérides,* 11 de octubre de 1927, p. 42.

El Pescante de Vallehermoso, orgullo legítimo de un pueblo que se dice trabajador, va unido indisolublemente al nombre de don Antonio Fernández. El que se haya erguido con su esqueleto de acero frente al mar sólo fue un coronario de una voluntad que se alzó antes que él: la de don Antonio Fernández; Fernández, espíritu optimista, fuerza maestra de la magnífica empresa.

La importancia de los pescantes puede ser calificada de capital en cuanto permitieron dar un significativo espaldarazo a la economía local y sacar a Vallehermoso de su aislamiento. De forma simultánea el valle se iba subiendo poco a poco al tren del progreso y de los adelantos técnicos tales como el alumbrado público, telégrafo, teléfonos o barcos a vapor, entre otros milagros de la ingeniería. A comienzos del siglo XX se producen una serie de avances en las telecomunicaciones. No es hasta 1912 cuando Vallehermoso queda unido a San Sebastián de La Gomera por medio de la red telefónica[4]. En cambio, desde 1904 ya existía en Vallehermoso el alumbrado público y veinte años después se instalaba la primera planta eléctrica a iniciativa de Antonio González, procedente de Garachico[5]. Hacia 1922 comienzan los trabajos de conducción de agua potable para abastecer el municipio de Vallehermoso. Por otra parte, será a comienzos del siglo XX cuando se inaugure el cementerio municipal del casco y el de Chipude. Además, en estos años, se terminan las obras de la plaza del pueblo que recibe el nombre del diputado por La Gomera y El Hierro, Antonio Rodríguez Lázaro[6].

Por otra parte, durante las primeras décadas del siglo XX se van creando en muchos pueblos de Canarias los llamados "casinos", pero Vallehermoso ya contaba con ese centro desde mediados del siglo XIX, tal y como señaló Benigno Carballo Wangüemert[7] en su momento. Era un digno local bien amueblado: contaba con gabinete de lectura provisto de periódicos de la provincia e

---

[4] *La Prensa*, Santa Cruz de Tenerife, 16 de marzo de 1928.

[5] *El Momento*, nº 13, San Sebastián de La Gomera, 9 de mayo de 1931.

[6] DÍAZ PADILLA, G.: *Los Pescantes de La Gomera*. Excmo. Cabildo Insular de La Gomera, San Sebastián de La Gomera, 2008.

[7] CARBALLO WANGÜEMERT, B.: *Las Afortunadas. Viaje Descriptivo a las Islas Canarias*. Centro de la Cultura Popular Canaria, La Laguna, Tenerife, 1990.

incluso de ejemplares de la prensa peninsular. En la segunda mitad del siglo XX existía un casino y una sociedad llamada "Centro Unión", cuyo presidente es el alcalde Domingo Fariña, que también en 1917 crea una junta para defender los intereses generales del pueblo –peticiones de obras públicas, provisión de subsistencias, asuntos relacionados con la exportación de frutos y su abaratamiento, etc–[8].

A comienzos de siglo, Vallehermoso no contaba con carreteras, únicamente existía un pequeño camino vecinal que unía el casco del pueblo con el pescante. En abril de 1926, Vallehermoso recibe con alegría la llegada del primer vehículo marca Ford, modelo *Hudson*, propiedad de Antonio González, que es desembarcado por la playa; acontecimiento que congregó a un buen número de personas en aquel lugar. El primer camión, sin embargo, tuvo lugar en 1931 y era su propietario Domingo Salazar, desembarcado desde el pescante con gran esfuerzo.

Desembarco del primer vehículo en Vallehermoso

En cuanto a la parroquia de San Juan Bautista de Vallehermoso, en 1882, don Ramón Bofill y Ciará, el párroco, solicita al presidente de la Junta Diocesana de Construcción y Reparación

---

[8] *La Voz De Junonia*, nº 13, 26, 89 de 1 de mayo de 1922, 9 de agosto de 1922, 25 de diciembre de 1923 y 25 enero de 1924, respectivamente.

de Templos ayuda económica para la fábrica, muy dañada por los recientes temporales.

La gravedad de la situación se hace manifiesta en el escrito del párroco: "Es tan eminente el peligro que la mayor parte de los fieles se abstienen de concurrir al templo por temor a un hundimiento". La falta de datos motivó su devolución y la necesidad de una nueva instancia[9].

En realidad, el templo nunca se llegó a reparar. El día ocho de julio de 1893 un violento incendio la destruyó casi en su totalidad, salvándose del siniestro tan solo las dos habitaciones ya señaladas en párrafos anteriores. El nuevo templo será financiado por el Estado, siguiendo lo establecido en el Concordato de 1851. En principio, pareció innecesario demoler arcos y paredes, bastando con revestirlos de cemento. Únicamente había que determinar la disposición en que tendría que colocarse la techumbre.

Antigua fotografía de la iglesia de San Juan Bautista, en Vallehermoso

Sin embargo, poco después, se optó por derribar las zonas afectadas por las llamas.

El proyecto, elaborado por Antonio Pintor, será dirigido conjuntamente por éste y Manuel de Cámara. Las obras, comenzadas el veinticuatro de julio de 1902, según presupuesto aprobado el seis de marzo del mismo año por un monto de 89.821,90 ptas., tendrán como contratista a Domingo García.

El 19 de marzo de 1910, se bendijo la nueva iglesia en la que se entrecruzaron las nuevas técnicas y los estilos tradicionales, imponiéndose el neogótico y adaptándose a la moda religiosa

---

[9] DARIAS PRÍNCIPE, A. y PURRIÑOS CORBELLA, T.: *Notas de la historia de la Parroquia de Vallehermoso.* ULPGC Biblioteca universitaria, 2007.

imperante. El retablo neogótico, espectacular por sus dimensiones y como complemento ideal para esta iglesia por su valor artístico, se destruyó en un incendio, lo que ha hecho que el templo haya perdido parte de su interés. La imagen del *Cristo en la Cruz* que hoy en día está en la iglesia, fue rescatada del incendio y restaurada posteriormente.

En cuanto a los aspectos sociales y políticos durante esta época, podemos afirmar que la ausencia de conflictos sociales de importancia que enfrenten a la exigua clase dominante y al campesinado explica en buena medida que el sistema caciquil haya alcanzado un desarrollo pleno en el municipio durante la Restauración. Este enervamiento persistente de la lucha de clases viene determinado por condiciones de variado carácter: una excesiva personalización de las relaciones económicas fruto de la generalizada pervivencia de la medianería; una rígida estructura de clases reacia a cualquier atisbo de alteración; peso de la pequeña propiedad agraria y existencia de un mecanismo regulador de tensiones sociales como es la emigración a Cuba que no dejará de funcionar a lo largo de todo el período[10].

A partir del cambio de siglo, el caciquismo entrará en una fase de lento declive. El emigrante que retorna de Cuba –y lo hará masivamente a comienzos de siglo– es el primer factor disolvente del sistema caciquil a enumerar. En primer término, con él se introducen en la isla concepciones políticas novedosas, progresistas, interiorizadas en la convulsa república americana en que ha residido. En segundo, y principalmente, el dinero indiano de que es portador socavará la base material sobre la que descansa buena parte del edificio caciquil mediante la compra de tierras pertenecientes a los grandes propietarios tradicionales para poner en explotación el cultivo del plátano y la construcción de infraestructuras –como el pescante–. Simultáneamente, va germinando, en torno al comienzo de la construcción de la carretera del norte de la isla hacia 1917, una incipiente clase obrera que, dada su relativa autonomía, está en condiciones de eludir la excesivamente personalizada relación caciquil y de promover los primeros atisbos de conflictividad social.

---

[10] VALERIANO RODRÍGUEZ, R.J.: *El caciquismo gomero durante la Restauración (1874-1931)*. Artículo en prensa digital.

La dictadura de Primo de Rivera contendrá la marea por unos años y adormecerá momentáneamente una contienda caciquil que, tras la proclamación de la II República, se reanudará con equiparable intensidad, aunque poniendo muy pronto en evidencia que el caciquismo sólo era eficaz como forma de dominación política –y de control electoral– en una determinada etapa de desarrollo económico y de la lucha de clases de la sociedad gomera. El contrapunto, en este trance, de la II República, será útil para constatar que en el instante en que se producen modificaciones sustanciales en las relaciones de producción y, consiguientemente, en la estructura de clases –es decir, el trabajo asalariado y la génesis de una clase obrera relativamente autónoma en lo económico y en lo político– el caciquismo, como forma de dominación política, se manifiesta incapaz. No resulta improcedente señalar, por tanto, que el caciquismo de comienzos de siglo se nutre de la estructural desmovilización política de los grupos sociales gomeros no dominantes.

Comercio de Vallehermoso, 1927

Durante la década de 1920 se produjeron importantes dificultades políticas y económicas en el municipio. En 1927 se separan de Vallehermoso la zona de Valle Gran Rey, que se adhiere al Ayuntamiento de Arure. La propiedad de la tierra aún estaba en manos de unos pocos apoderados mientras que la población rondaba en estas décadas los 7.000 habitantes. Estos fenómenos ocasionaron las primeras oleadas migratorias hacia Cuba y Venezuela de muchos habitantes de Vallehermoso.

Por otra parte, el 11 de octubre de 1927, se recoge en la *Revista Hespérides*[11] la realidad de Vallehermoso por aquellas fechas:

El Ayuntamiento de Vallehermoso está presidido por don Pedro Ascanio e integrado por los señores don Domingo Mora, don Manuel Méndez, don José A. García, don Constantino González, don Esteban A. Mora, don Antonio Mora García, don Fernando Mora, don Manuel García Barroso, don Matías Medina y don Sebastián Suárez.

Por los quebrantos del fruto el Ayuntamiento pasa por una situación difícil en su Hacienda, motivado esto también por sequías anteriores y malos mercados para su producción agrícola, y una cierta rebeldía de los contribuyentes para cooperar con sus justos tributos.

Actualmente se halla en plena reorganización y se trabaja por el encauzamiento de la vida municipal para lo que existe en aquella Corporación el mayor entusiasmo. Entre los proyectos aparecen en primer término el abastecimiento de aguas potables al pueblo, el ensanche y rectificación del cementerio, realizándose, y la construcción de las Casas consistoriales con deferencia para oficinas y escuelas.

Con la colaboración del Cabildo se levanta en estos días un puente sobre el barranco Morera-Triana que está próximo a terminar, que facilita grandemente las comunicaciones. Con la ayuda del Estado se intenta acometer el deslinde y repoblación de montes, siendo este uno de los problemas más interesantes. Además, se intenta acometer la canalización del cauce de los barrancos y la confección del patrimonio municipal, muy abandonado hasta hoy y que facilitará en parte el conflicto de los regantes que durante varios años ha venido trastornando a estos propietarios.

Para la realización de todas estas obras, algunas de verdadera trascendencia, existe en la Corporación municipal de Vallehermoso la mejor voluntad y todos los esfuerzos se dirigen a su consecución. Las obras que se están realizando ya lo demuestran en parte.

Entre sus proyectos existe también el deseo de realizar gestiones para la construcción de caminos vecinales y conservaciones de los de herradura. Este problema de las comunicaciones ha sido tomado por el actual Ayuntamiento de Vallehermoso que tiene en su alcalde don Pedro Ascanio un valor grande de honradez y caballerosidad.

---

[11] *Revista Hespérides*, 11 de octubre de 1927. Especial dedicado a La Gomera, p. 13.

Por su parte, el *Anuario General de las Islas Canarias*[12], del año 1927 de Juan T. Robert, decía de Vallehermoso:

> Está situado al Norte de la isla en el valle de su nombre y a 28 kilómetros de San Sebastián. Es la población más importante de la isla, contando con más de 7.000 habitantes. Su suelo, el más rico y fértil de entre todos los que integra la productiva Gomera, está regado por abundantes manantiales y numerosos arroyos. Está próximo al puerto de Guindaste, tiene importante comercio, y exporta cantidades importantes de plátanos, tomates y otros frutos. Sus numerosas palmeras producen excelentes y apreciados dátiles, y también contribuyen al embellecimiento del paisaje. Sus industrias especiales consisten en la manufactura de esteras, escobas, y otros objetos que se construyen con hojas de palma.
>
> Elemento oficial:
> Alcalde...Don Sebastián Ascanio García
> Secretario...Carmelo Luis Rosalferez
> Juez...José García Lujan
> Cura...Manuel E. Cortes
> Maestro Nacional...Bernardo Gómez
> Comercio-Industria-Profesiones:
> Comercio general...Antonio Fernández Armas, Don Pedro Ascanio y Ascanio, Manuel Méndez Mora, Esteban Mora y Mora, Sres. Ascanio y cia, Hijos de Guillermo Moreno.
> Comestibles...Don Domingo Fagundo e hijos, Ramón Felipe Paz, Juan León Suárez, Juan León Suárez, Antonio Noda García, Agustín Negrín Ramos, José A. García Lujan, Genaro Morales Hernández, Daniel Prieto Ramos, José Navarro y Navarro
> Droguería...Don Tomás Bencomo Hernández
> Exportadores de frutas...José Trujillo Díaz, Antonio Trujillo Díaz, Antonio Trujillo Díaz y Chinea Manuel
> Farmacéutico...Manuel González Sánchez
> Médicos...Tomás Bencomo Hernández y Bernabé García y García
> Molinos...Don Ramón Arriaga Suárez, Juan Barroso Hernández, Juan Barroso Barroso, Diego Bernal Sánchez, José Chinea Méndez, Francisco Dorta Hermanos, Juan Díaz Santos José García Marichal, José García Ortiz, Antonio Mora García, Fernando Mora y Mora, Manuel Núñez Pérez, Lorenzo Núñez Marichal, Manuel Navarro Barrera, Domingo Plasencia Valeriano, Víctor Ventura Martín, Herederos de A. Barrera, de T. Ba-

---

[12] *Anuario General de las Islas Canarias*, 1927. ULPGC, p. 482.

rroso, de R. Cabrera, de V. Cabrera, de J. Cabrera, de C. Chinea, D. Concepción Brito Peña, Luisa Cabrera Trujillo y D. Tomasa Mesa Peña

Panaderías...Don Manuel Méndez Mora, Genaro Morales Hernández e Hijos de Q. Moreno

Pescaderías...Don Jacinto Linares Pérez y Antonio Trujillo Hermanos

Tejidos (Venta de)...Don Ascanio Hermanos, Domingo Fagundo León, Manuel Méndez Mora, Esteban Mora y Mora, Manuel Noda García, Barroso y Arteaga, Manuel Salazar Mora, Ramón Padilla Fragoso, Dª. Antonia Santos Jara y Señores Hijos de Q. Moreno.

Zapatería...Don Sebastián Suárez Ramos.

Terminamos este apartado con una hermosa descripción de la realidad de Vallehermoso en las primeras décadas del siglo XX aparecida en la *Revista Hespérides*[13] de ese mismo año de 1927:

VALLEHERMOSO, PUEBLO HIDALGO

Con Vallehermoso, un pueblecito hecho y ya trazado y en donde sus habitantes todos son hidalgos –de aquí la hidalguía del pueblo– sucede lo mismo que con otros muchos pueblos de esta isla de la Gomera. Que necesitamos ir a buscarlos. Y es penoso, para el que desconoce el encanto de este Vallehermoso, la ascensión a pleno sol por un camino polvoriento y muy en cuesta.

A medida que llegamos al pueblo ya vemos el ondulado de las hojas de los campos plataneros. Y luego Vallehermoso tan metido en sí, tan agrupado con la torre de su Iglesia que surge del centro del polígono del pueblo.

Encontrándonos en Vallehermoso ya nos olvidamos del camino penoso que nos lleva a él. Pero mejor quedarnos en el camino y hallar de este.

Este malestar de las comunicaciones es algo que nos sale frecuentemente al paso. Son todos los caminos. Y aún en Vallehermoso, pueblo maduro ya, serio, con un cierto aire de prestancia y orgullo que encaja tan bien en lo apretado del pueblecito. Y a la sombra del roque, que en todos los días señala su situación, la vida transcurre allí mansa, plácidamente. Muy en hidalgo.

Esa carretera del puerto al pueblo es indispensable para Vallehermoso. El caserío vive alejado de ese mar siempre indignado del Norte de la Gomera, por donde Vallehermoso en sus

---

[13] *Revista Hespérides. Op. Cit.* 11 de octubre de 1927, p. 35.

productos agrícolas se da y estrecha la mano del mundo. Es necesario que el mar se sienta más cerca del pueblo. Acaso entonces cesará su indignación.

A Vallehermoso, pueblo hidalgo, le urge su carretera al puerto. Aún ya le basta la dificultad de los caminos que le llevan a sus hermanos, los otros pueblos.

El trepidar del motor de un auto, en su carretera futura, es un ruido necesario en la vida serena de Vallehermoso. Un ruido que ha de repercutir en ese roque que le da sombra y a veces luz.

Antigua fotografía del Corpus en Vallehermoso

BIBLIOGRAFÍA

CARBALLO WANGÜEMERT, B.: *Las Afortunadas. Viaje Descriptivo a las Islas Canarias.* Centro de la Cultura Popular Canaria, La Laguna, Tenerife, 1990.

DARIAS PRÍNCIPE, A. y PURRIÑOS CORBELLA, T.: *Notas de la historia de la Parroquia de Vallehermoso.* ULPGC Biblioteca universitaria, 2007.

DÍAZ PADILLA, G.: *Los Pescantes de La Gomera.* Excmo. Cabildo Insular de La Gomera, San Sebastián de La Gomera, 2008.

VALERIANO RODRÍGUEZ, R.J.: *El caciquismo gomero durante la Restauración (1874-1931).* Artículo en prensa digital.

PRENSA Y BOLETINES:

Revista Hespérides, 11 de octubre de 1927. Especial dedicado a La Gomera.

La Voz De Junonia, nº 13, 26, 89 de 1 de mayo de 1922, 9 de agosto de 1922, 25 de diciembre de 1923 y 25 enero de 1924.

Revista Hespérides, 11 de octubre de 1927.

La Prensa, Santa Cruz de Tenerife, 16 de marzo de 1928.

El Momento, nº 13, San Sebastián de La Gomera, 9 de mayo de 1931.

Anuario General de las Islas Canarias, 1927. ULPGC.

IV. Pedro García Cabrera y *los otros*: el renacimiento cultural de La Gomera en los años veinte

PABLO JEREZ SABATER

HISTORIADOR DEL ARTE

Hablar de renacimiento cultural en La Gomera puede ser, cuanto menos, atrevido; implicaría que en la isla existió previamente un esplendor artístico o literario, lo cual es inexacto. Sin embargo, como acepción, ese florecimiento sin parangón que se genera en este espacio geográfico en un momento temporal concreto como son los años veinte del siglo pasado, indican que nos encontramos, a todas luces, con un Renacimiento, aunque sin mirar hacia el pasado clásico, sino enfrentándose a una nueva voluntad para una isla que empezaba a salir de su letargo.

¿Por qué centrarnos en una década en concreto? ¿Qué ocurrió en este periodo para que podamos fijar nuestra mirada en él? Una confluencia de factores sociales, económicos y unas personalidades únicas, explican este fenómeno tan extraordinario y que sitúa a La Gomera –a nivel de inquietudes– en el mismo espacio de modernidad que Tenerife y Gran Canaria.

UNA ISLA QUE CRECE

La Gomera sufrió durante el siglo XIX una crisis social y económica muy grave. La cochinilla, caída de la producción vitivinícola y la falta de productos de exportación forzaron, por un lado, una emigración hacia América, principalmente hacia Cuba; por otro lado, políticamente el caciquismo finisecular se asentó para convertirse en la manera de gestión de los municipios gomeros, siendo los gobernantes a su vez los dueños de las principales tierras de cultivo, por lo que la situación se tornó tremendamente dificultosa.

Bohemia Pulido Salazar, cedida por Ágatha Ayala

Sin embargo, la introducción de nuevos monocultivos –principalmente el plátano–, además de la construcción de embarcaderos para facilitar su exportación, así como la introducción de capital extranjero –inglés–, hizo que la situación económica mejorara y ello trajo consigo un cierto ambiente de optimismo que generó un paulatino crecimiento demográfico y el despertar de una serie de inquietudes culturales que serán el germen del renacimiento que tendrá la isla en la década de 1920.

La educación fue un factor clave en esta conversión. En una isla que era, a niveles inauditos, analfabeta en su mayoría, vio cómo durante las primeras dos décadas del pasado siglo XX se construyeron numerosas escuelas en los diferentes municipios y en los barrios más alejados de los núcleos principales. A pesar de lo precario del sistema, la mala remuneración de los maestros o las escasas dotaciones que tenían estos centros, supusieron un impulso al conocimiento, a la lectura y al despertar de una generación que cristalizaría en un ambiente único a partir de 1921.

Para hacernos una idea del crecimiento experimentado en la isla, nos centraremos en el caso particular de Vallehermoso. Según el Anuario General de las Islas Canarias del año 1927[14], este municipio contaba con más de 7.000 habitantes, duplicando casi a San Sebastián en población. Señala además las bondades del territorio, la abundancia de agua y manantiales, la exportación de plátanos, tomates y otros frutos, así como otro tipo de manufacturas como esteras, escobas y otros objetos hechos con hojas de palma.

---

[14] Disponible su consulta a través del enlace: https://mdc.ulpgc.es/cdm/ref/collection/MDC/id/40288.

Lo que nos resulta interesante es la cuestión de que, a nivel oficial, contaba con su Maestro Nacional, D. Bernardo Gómez, pero es que a nivel de comercios existían seis, nueve dedicados a los comestibles, una droguería, cuatro exportadores de fruta, un farmacéutico, dos médicos, veintitrés molinos, tres panaderías, dos pescaderías, diez tiendas dedicadas a venta de tejidos y una zapatería. Sin duda, Vallehermoso era en esta década el centro comercial de la isla de La Gomera.

Apuntamos estos datos porque nos permiten explicar el ambiente optimista que se respiraba al menos a nivel económico, lo que implicaba que algunos jóvenes pudieran salir a estudiar a Tenerife el bachillerato, siendo el Instituto Canarias una parada obligatoria para una generación de gomeros que llevó la cultura a un nivel altísimo.

Pedro García Cabrera en la revista *Hespérides*, 1928

Así, la generación comprendida entre 1890 y 1905 fue la que gestó esta revolución artística y literaria: nombres como los de Pedro García Cabrera, Bohemia Pulido Salazar, los hermanos Bethencourt Padilla –Agustín, José y Pedro–, José Aguiar, César Casanova o Andrés Fernández Bethencourt formaron un grupo sin unidad estilística ni ideológica, cierto es, pero con el objetivo firme de sacar de la oscuridad a la sociedad y a la juventud gomera.

Y todo ello apoyado, no hemos de olvidar, en una serie de centro culturales, sociedades recreativas y tertulias literarias que fueron abriendo sus puertas en los diferentes municipios: Casino y Centro Diego Bueno en Hermigua, Casino en Agulo, Centro La Unión en Vallehermoso, Sociedad Junonia en San Sebastián... Ahí se celebraron actos literarios, encuentros poéticos, puestas en escena teatrales; espacios abiertos a la nueva mentalidad que esta juventud gomera estaba poniendo al servicio de la creación cultural.

LOS OTROS

Pedro García Cabrera es la figura más importante de las letras gomeras. No hay discusión alguna. Sin embargo, lo que aquí nos interesa es recuperar la figura de sus compañeros de generación, de esos otros jóvenes que, como él, marcharon a estudiar fuera y desde allí forjaron una voz literaria propia, fijada principalmente a través de la prensa, pero en algunos casos mediante la publicación de sus creaciones en lugares tan alejados –entonces– como era Madrid.

Esta generación, que compartió tardes en La Laguna con el joven García Cabrera seguramente en los alrededores del Instituto Canaria, fue la que impulsó el periódico más influyente de esta juventud gomera residente en Tenerife: *La Voz de Junonia*, dirigida por el agulense José Bethencourt Padilla (1896-1985).

Este semanario, que se publicó entre 1921 y 1924, fue el altavoz crítico y literario de esos jóvenes gomeros que veían cómo la inacción de los gobernantes y el caciquismo de manual que regía la política insular estaba llevando a La Gomera a un estado de abandono muy preocupante. Artículos certeros, sin matices ni medias tintas, sirvieron para despertar conciencias, pero también para dar voz a algunos poetas, esos que hemos venido denominando *las voces de Junonia*. Pero también la del joven Pedro García Cabrera.

Roque "El Cano" de Vallehermoso

Ingente monolito de límpida cimera
que retaste al Dios Máximo igual que los Titanes:
tu corazón altivo presagió los desmanes
de Zeus inclemente a tu falta primera.

La santa rebeldía, que antaño conmoviera
tus entrañas amables por más nobles afanes,
hizo crispar, sañudos, a fuertes egipanes,
al hacerles, airado, la confesión sincera.

Añorando he leído los graves caracteres
gravados en tu pecho por prestanciales manes.
En mis salmos bendigo al Padre de los seres

por convertir en piedra, de encantos soberanos,
tu gigantesco espíritu y sus regios quereres,
—«índice iluminado» de todos los humanos.—

Andrés Fernández Bethencourt

Tenerife, otoño de 1927

Poema aparecido en la revista *Hespérides*, 1927

Baste este texto aparecido en la revista *Hespérides* para hacernos una idea de las personalidades tan dispares –pero interesantes– que coexistieron en La Gomera durante la década de los años veinte:

El arte gomero pudiera tener una característica como reflejo directo del paisaje: la reciedumbre. Algo de esto se destaca en algunos cuadros de José Aguiar, sólida figura representativa ya lanzada a la exposición y a la crítica madrileña. Aguiar es de los que han sorteado los escollos, navegando con seguro derrotero. Su gallardete ha trazado ramalazos de triunfo frente a la meta-puerto. Su mástil –pincel enorme– ha rozado la nube de azul esquivo que le dejó caer una medalla. Ahora, que el vaivén de los mares le sea propio al tajador avance de la bella prora.

Luis Fernández Pérez, cronista oficial de la isla de La Gomera. Conocedor de los árboles genealógicos de todas las familias que la pueblan, a cuyos estudios se ha dedicado de lleno. Aun cuando solo de tarde en tarde aparece su firma en periódicos, es, sin embargo, uno de los jóvenes más salientes de la actual generación.

Eliseo Jerez es otro de los escritores que separaremos en la casilla de los didácticos. Su labor, sin ser aún bastante pródiga, es de importancia. Tiene una visión clara de los temas sociológicos, los que parecen ser su especialidad. Su estilo es justo, como corresponde a la rama que cultiva. Jerez, ya definido y en su plenitud, es de los valores logrados.

Agustín Bethencourt Padilla, peregrino insaciable de recorrer horizontes para sondar el espíritu exótico de los lejanos pueblos. Es un políglota. Los idiomas orientales, sobre todo, los conoce perfectamente.

José Bethencourt Padilla es poeta y literato. A este escritor debe La Gomera un homenaje de gratitud por el tesón y patriotismo con que defendió sus problemas desde *Junonia*, voz estudiantil, de la que fue fundador y director. Como novelista, aún está fresca la publicidad de *La efigie de cera*, de la que se ocupó la crítica oportunamente.

Pedro Bethencourt Padilla va cortando sus rosas místicas por los laberintos misteriosos de sus jardines teosóficos. Tres ramilletes decoran su altar: *La voz perdida*, *Cantos de amor y sacrificio*, aún inéditos, y *Salterio*, ya publicado. Su yuvismo tiene minutos de eternidad. Con cepellón de sentimiento va arrancándose dolorosamente, pero con alegría, sus poemas, en los que se percibe un ritmo interior de múltiples voces sacras. En sus poesías hay humo de incienso y rumor de plegarias. Su espíritu, viajero e inquieto, quisiera tornarse en "una lluvia de amor sobre la tierra". Todas sus producciones están amasadas con harinas de bondad y rutilares de místicas estrellas. Bohemia Pulido Salazar canta cuando el dolor le punza con su corona de espinas. Cada verso es un rayo de alma fuertemente atormentada. El misterio de la vida y de la muerte le aprieta con su enigmática red. Cualquier brisa húmeda de llanto hace entrar en vibración sus líricas cuerdas hechas con hilos de tristeza. El pesimismo matiza siempre sus acordes y pone trémolos desgarrados. Parece muchas veces un espíritu encallado en un banco de pesadumbre y que, por nada esperar, no intenta siquiera la salvación. Hay en sus versos –gotas de sentimiento– una gran sinceridad, y es su inspiración fuerte, demasiado fuerte. Porque llega a anual al cerebro dejando divagar caprichosamente al corazón. Y estos casos deben evitarse, ya que el corazón, como niño que es, puede cometer extravíos.

Andrés Fernández Bethencourt, enamorado de la palabra clásica y sonora y, a veces, desconcertante, llega a esculpir sus estrofas en un tono semi-heroico. Este poeta y también prosista laureado con un segundo premio en certamen pedagógico celebrado en Las Palmas, va evolucionando hacia las modernas orientaciones y enriquecimiento su verso con nuevos matices.

Pedro García Cabrera, poeta revolucionario en el sentido de métrica y consonancia, nos muestra la rara luminosidad de sus imágenes poderosas. Y alejado de los prejuicios, de la gazmoñería andante, sus versos valientes, de audaz paladín, rompen en cataratas de armonía desconcertante, llevando al ánimo del lector a la reciedumbre de un temperamento titánico que ha germinado en un cuerpo adolescente, haciendo creer en la cruda verdad de que en Pedro García Cabrera vive un poeta nuevo, ya que sin alejarse del manantial poético se interna en terreno de coro sin que los guardas parnasianos puedan batirlo abiertamente. Y no lo bastante por estar escudado en el poder del genio.

Rafael.
Tenerife, octubre 1927[15].

---

[15] *Hespérides*, Revista Gráfica Semanal, nº 92, 11 de octubre de 1927.

Las figuras de los hermanos Bethencourt Padilla ya han sido esbozadas por Daniel María en su trabajo sobre los Filii Christi de Agulo[16] y también –centrándose en la biografía de Pedro– en el número 4 de la revista *Rincones del Atlántico*[17]. Así pues, dejaremos a un lado a estos poetas y también a Bohemia Pulido Salazar (1895-1960), a la que hemos dedicado una monografía, así como la publicación de la práctica totalidad de sus versos conocidos. De esta manera, vamos a fijar nuestra atención en la voz desconocida de Andrés Fernández Bethencourt y la de otros poetas de Vallehermoso.

ANDRÉS FERNÁNDEZ BETHENCOURT, POETA Y MAESTRO

Nacido en Vallehermoso (¿1895?), Andrés Fernández Bethencourt fue una de las voces más personales de la literatura gomera de la década de los años 20, momento en el que comienza a frecuentar la prensa como vía de publicación de sus composiciones, principalmente en prosa, aunque también cultivó el verso y la crónica. Sabemos que destacó desde joven como estudiante en el Seminario Conciliar de Tenerife, donde obtuvo notas brillantes en latín, retórica e historia universal, así como su entrada como seminarista en la especialidad de Filosofía, cursando materias como cosmología, psicología, geometría o historia natural. Esta educación nos habla, por tanto, de un

Fotografía de Andrés Fernández Bethencourt, 1927

---

[16] María, Daniel: *El misterio de los Filii Christi de Agulo*, Ed. Baile del Sol, 2016.
[17] El artículo completo puede consultarse en el siguiente enlace: http://www.rinconesdelatlantico.com/num4/02_pedro_bethencourt.html.

hombre inquieto, culto y ávido de lectura, elementos que pueden observarse en su escritura.

Sus colaboraciones literarias comienzan a partir de 1921 en la prensa local como *Gaceta de Tenerife* o *La Voz de Junonia*, periódico que ya hemos visto que fue crucial para dar voz a toda esta generación de escritores gomeros. De hecho, el 9 de septiembre de ese mismo año publica un soneto dedicado a la figura de Pedro Bethencourt Padilla[18] con motivo de la publicación de su poemario *Salterio*:

Con sus aires de artistas, con su traje enlutado
prefiere los senderos que evocan el misterio.
En su alma lleva escritas las notas del Salterio
y tiene el entusiasmo de un antiguo cruzado.

Espíritu sensible, con astro perfumado
quiere escalar la cárcel, salir del cautiverio;
pero dirá su creado a pesar del dictado:
Su caridad ardiente, su amor a lo creado.

Sus oscuras pupilas escrutan los abismos
y los orientes bellos de un bello Ramayana…
Esquiva en los desiertos los gratos espejismos,

Le place melodías de dulzura extrahumana.
cual Sócrates maestro goza en los tiempos mismos
de beber la cicuta de aquella turba insana.

Como podemos observar, el joven poeta no sólo conoce la métrica del soneto, sino que, además, emplea un vocabulario refinado a la altura de la poesía de Pedro Bethencourt, quien había definido en ese poemario el término *yuvismo* como estilo literario impregnado de una hondura espiritual muy significada y que aquí Andrés Fernández suma con el uso de metáforas inspiradas en el mismo sentido místico de aquél.

---

[18] *Gaceta de Tenerife*, 9 de septiembre de 1921.

De su etapa como seminarista destacan textos moralizantes sobre aspectos tan controvertidos como el suicidio, que aborda en un extenso artículo el 4 de enero de 1918 en *Gaceta de Tenerife*, y donde invita a tener fe para superar estos deseos:

> Mientras dure nuestra peregrinación por este valle de lágrimas, de miserias y de incertidumbres, agarrémonos fuertemente a la tabla salvadora. Tengamos fe, fe viva, grande, que la fe es razonable... dejémonos guiar por sus saludables enseñanzas porque, si así no lo hacemos, al final de la vida nos veremos precisados a confesar:

> Mortal, la fe es tu aliento.
> Sin ella la vida es un enigma.
> Sin ella la vida es un tormento.

Esta colaboración literaria, publicada obviamente en un diario católico como era *Gaceta de Tenerife*, fue firmada en Vallehermoso en diciembre de 1917 y nos habla de la honda visión cristiana que tenía en ese momento el joven escritor y seminarista.

En 1920 se traslada a Gran Canaria por motivos de estudio y comienza una asidua colaboración con la prensa gomera a través del semanario *La Voz de Junonia*, donde publica poemas de corte regionalista, estilo que por entonces estaba en boga entre los autores de su generación antes de que el modernismo eclosionara a partir de 1926 a través de la revista *Hespérides*. En abril de 1922 –titulando el poema igual que uno que publicara Bohemia Pulido un año antes en el mismo periódico gomero– sale a la luz "Evocación":

> Son propicias las horas... El corazón herido
> Buscando como siempre la dulce mano amiga
> Que aroma, que consuela, que el bálsamo querido
> Proporciona gozosa y que amar nos obliga.

> ¡Oh, las célicas manos de corolas de rosas,
> Panacea infalible para toda dolencia!
> Mi espíritu ha soñado encontrar cariñosas
> Unas manos muy suaves, hechas a la clemencia.

Sus dedos que trasciendan a nardos perfumados,
Que restañen la sangre que sale a borbotones
Y que rompan con bríos los hierros malhadados,
Guardianes sempiternos de mis negras prisiones.

Manos que por mis campos vais sembrando venturas
Porque broten las flores de la Maga Ilusión.
Manos que gozáis quedas de inefables dulzuras
Cuando sentís un beso que no es baja pasión.

Los lirios y azucenas de los puros aromas
Esperan impacientes vuestro halago fragante.
Los blancos recentales, las cándidas palomas,
Añoran extasiadas finezas de una amante.

¡Oh manos presentidas! Quiero vuestras caricias
porque alegre atraviese los agrestes caminos.
Sin dolor en el alma, pues que fuera delicias
Las trochas o veredas con zarzas, con espinos.

¡Oh el encanto que tienen unas manos soñadas,
entrevistas en raptos de nuestra juventud!
¡Y siempre tan queridas, y siempre tan amadas!

¡Eternas pulsadoras de mi viejo laúd!

Aquí el poeta recurre al verso alejandrino para esta composición y donde vemos que poco a poco se separa de las estética devocional que había impregnado sus primeras composiciones. Aquí vuelve a demostrar su capacidad literaria, artificiosa y retórica, pero sonora, y se sitúa en las más altas cimas de su carrera literaria cuando rondaba la treintena y donde el bagaje de lecturas previas queda manifiesto.

En ese mismo año de 1922, pero en el mes de abril, el número 15 del semanario *La Voz de Junonia* recoge su poema "Resurrección":

¿Por qué el ansia de amores, corazón?

¿Por qué el continuo suspirar doliente
por algo que tú sabes que no existe,
y que si existe, para ti no viene?

¿Por qué un anhelo de palabras dulces,
–como aquellas que fueron suavemente
pronunciadas en éxtasis sublimes–
si en medio del placer, te dieron muerte?

¡Y el alma dirigiendo sus pupilas
a nueva luz que surge en el oriente!
–Tal un Fénix pagano que renace,
y llamando a la vida, vive siempre–.

En este caso, se decanta por el uso del endecasílabo y encadena unos versos por potentes y hondos y donde deja entrever recuerdos de su pasado como seminarista –"nueva luz", "fénix pagano"– pero hablando por primera vez de conceptos que hasta entonces no había tocado en su poética como la cuestión amorosa.

Obtiene en 1922 el título de maestro tras haber cursado sus estudios en la Escuela Normal, habiéndose hecho la prensa local de tal hecho y destacando del joven su vasta cultura y preocupación por el saber[19]. Un año más tarde, en 1923, opositaría para tratar de obtener plaza en el denominado entonces Magisterio Nacional, quedando cuarto en la fase del ejercicio escrito y obteniendo plaza finalmente en el Sauzal primeramente, y con posterioridad en Tacoronte.

En enero de 1924 publica en *La Voz de Junonia* un poema muy significativo dedicado al roque Cano y titulado "Roque de nuestro pueblo":

Ingente monolito de la oscura cimera
Que retaste al Dios Máximo, igual que los titanes:
Tu corazón de roca no siente los desmanes
De Zeus inclemente a tu falta primera.
La santa rebeldía que antaño conmoviera
Tus entrañas amables, por los nobles afanes,

---

[19] *La Voz de Junonia*, 16 de octubre de 1922.

Hizo crispar, sañudos, los raros egipanes,
Al decirles tú, airado, la confesión sincera.

Yo, contento, he leído los fuertes caracteres
Grabados en tu peto por sus membrudas manos,
Y bendigo en mis salmos al Padre de los seres.

Al convertir en piedra de encantos soberanos
Tu gigantesco espíritu y sus regios quereres
Que señalan lo inmenso a todos los humanos.

Vallehermoso, enero de 1924.

Con este soneto regala al pueblo uno de los poemas más hondos escritos sobre uno de sus hitos geográficos y que ya cantaran otros poetas como García Cabrera o Bohemia Pulido. Esta tríada de bates de Vallehermoso formaron parte de una generación muy interesante y que apenas ha sido tratada más allá de la figura de Pedro, por su papel central en la literatura no solo gomera, sino canaria, de ahí nuestro interés en sacar a la luz a estas otras voces del municipio.

Durante los siguientes años sus colaboraciones literarias se fueron distanciando a la vez que crecía su implicación en la vida literaria tinerfeña, como su puesto como secretario del Círculo Minerva en Tacoronte, impulsor de certámenes literarios así como de la creación de una Academia ligada a la misma institución. En esta época se codeó además con notables intelectuales como el poeta Pedro García Cabrera o Eduardo Westerdahl, además del pintor Juan Ismael.

Sin embargo, como a otros tantos paisanos suyos –baste recordar los trágicos sucesos de El Fogueo–, Andrés Fernández sufrió en sus carnes la llegada del Golpe de Estado de 1936, siendo uno de los maestros aparecidos en los conocidos como expedientes de depuración del magisterio[20].

Siguió ejerciendo como maestro entre Tacoronte, San Juan de la Rambla y de nuevo Tacoronte y tuvo una especial implicación

---

[20] Sobre este asunto consultar: https://pedromedinasanabria.wordpress.com/2016/12/08/expedientes-de-depuracion-del-magisterio/

con la cultura, siendo miembro del comité del Hogar Canario de Madrid y recibiendo en 1978 el Drago de Plata que concedía el cabildo de El Hierro a personalidades distinguidas.

Su última colaboración literaria conocida la firma en 1979[21] en un homenaje al poeta Tomás Morales. Ahí se apagó la llama de un poeta de Vallehermoso aún por descubrir.

---

[21] *El Eco de Canarias*, 15 de agosto de 1979.

BIBLIOGRAFÍA

MARÍA, DANIEL: *El misterio de los Filii Christi de Agulo*, Ed. Baile del Sol, 2016.

PRENSA Y BOLETINES:

El Eco de Canarias, 15 de agosto de 1979.

Gaceta de Tenerife, 9 de septiembre de 1921.

Hespérides, Revista Gráfica Semanal, nº 92, 11 de octubre de 1927.

La Voz de Junonia, 16 de octubre de 1922.

ÍNDICE